심리학, 속마음을 읽다

Copyright ⓒ 2013, 이철우
이 책은 한국경제신문 한경BP가 발행한 것으로
본사의 허락 없이 이 책의 일부 또는 전체를 복사하거나 전재하는 행위를 금합니다.

부드럽고 날카로운 사랑의 본질

# 심리학, 속마음을 읽다

| 이철우 지음 |

한국경제신문

프롤로그

# 언제쯤 사랑하는 사람의
# 마음을 다 알까요?

갓 사랑에 눈을 뜬 사람들도, 어느 정도 연애에 익숙해진 사람들도 하나같이 남녀관계는 어렵다고 토로한다. 한창 나이에 최고의 사랑 한번 해보고 싶지 않은 사람이 어디 있겠는가. 누구나 사랑에 빠졌던 당시를 돌이켜보면 얼굴이 붉어지기 마련이다. 십중팔구 두근두근대는 벅찬 심장소리에 귀는 막히고 자신 앞에 서 있는 연인에 눈은 고정되어 앞뒤 가리지 않고 돌진하던 자신이 떠오를지 모른다. 그러니 서로의 속마음을 알아간다거나 서로를 배려한다거나 하는 남녀관계의 기본 에티켓을 지켜야 한다느니 하는 조언은 듣는 둥 마는 둥 했으리라. 남자와 여자라면 끊임없이 서로에게 끌리고, 매력을 느끼며, 호기심이 발동하는 것이 인지상정! 많은 이들이 이처럼 본능에 이끌려 관심 반 호기심 반으로 연애하고 사랑하지만, 결국 상대의 마음을 제대로 안다는 사람은 국보급 대우를 해줘야 하는 것이 현실이다.

어렵게 생각하면 한없이 어렵고, 또 쉽게 생각하면 한없이 쉬운 것이 연애다. 어렵게 생각하는 사람들은 연애를 시작하기도 힘들 뿐만 아니라 시작한다 해도 오래 유지하질 못한다. 실연이라도 겪었다면 기가 꺾여 새로운 연애는 시작할 엄두조차 내질 못한다. 반면 연애를 쉽게 생각하는 사람들은 시작은 물론, 실연을 겪더라도 다시 새로운 연애를 시작하는 데에 주저함이 없다.

이러한 차이가 생기는 이유는 무엇일까? 사회심리학의 연구들을 살펴보면 소통능력에서 비롯된다고 할 수 있다. 연애를 잘하는 사람들은 대부분 소통능력이 뛰어나고 이성의 소통 스타일을 꿰뚫고 있다. 그렇기 때문에 상대와의 갈등을 미연에 방지할 수 있고 연애를 진행함에 있어 물 흐르듯 흘러간다. 남녀 사이의 오해가 대부분 소통의 문제로 생기는 것임을 고려할 때 소통 스타일의 차이에 조금만 신경을 써도 큰 갈등은 피해 갈 수 있다.

남녀는 상대를 지지해주거나 관심을 나타내는 방식에서도 차이를 보인다. 남성이 고민거리를 안고 있을 때 여성들은 대화를 통해 해결하거나 고민을 공감하고 위로해줄 수 있다고 생각한다. 이런 갸륵한 의도를 띤 행동에 남성들은 어떤 반응을 보일까? 겉으론 마지못해 동의할지 몰라도 속으로는 귀찮다는 기색이 역력할 것이다. 사람에 따라서는 노골적으로 불쾌한 표정을 짓는 사람도 있다. 여성

입장에서 본다면 어처구니없는 노릇이지만 남성들로서는 너무나 당연한 반응이다. 남성들은 자신의 고민거리를 스스로 해결하는 데에 익숙하다. 대화를 통해 해결한다는 생각은 하지도 않고 해본 적도 없다. 여성들은 이러한 남성의 방식을 이해 못해 상처 입곤 한다. 자신의 호의뿐만 아니라 자신의 존재까지 무시 당했다는 느낌을 받는다. 무시 당했다는 감정이 극에 달해 파국으로 치닫는 경우도 적지 않다.

여성들은 남성들의 이러한 반응에 너무 심각해질 필요 없다. 자신을 무시하고 있다고 속단할 필요는 더더욱 없다. 그가 당신을 무시해서 이런 반응을 보이는 것이 아니기 때문이다. 무시한다는 마음은 아예 없다고 보아도 좋다. 그냥 내버려두는 것이 더 좋은 방법이라는 것만 이해해주면 된다. 그렇다고 무조건 남성을 이해해야 한다는 이야기는 결코 아니다. 남성들도 여성의 소통방식을 이해할 필요가 있다. 만일 여성들이 관계에 관심이 많고 관계를 통해 문제를 해결하려는 성향의 존재임을 남성들이 이해하고 있다면 이런 식의 반응을 보이지 않을 것이다. 진심으로 자신을 걱정하고 대화를 통해 어려움을 나누길 바란다는 것을 알았다면 결코 신경질적으로 반응하지 않았을 것이다. 이런 관점에서 상대의 소통방식을 알아두는 것은 남녀관계에서 필수적이다.

남녀 간의 오해는 서로 자기방식을 고집하는 데에서 비롯된다. 다시 말해 동성끼리 통했던 소통방식을 고집하는 데에서 비롯될 때가 많다는 이야기다. 남녀가 처음 만났을 때부터 자기 방식만을 고집하지는 않았을 것이다. 처음 만났을 때는 상대방의 방식을 존중하고 서로 맞추려고 노력했으리라. 하지만 시간이 흐르고 만남이 거듭되면서 이야기는 달라진다. 서로 익숙해지고 친밀해지다보니 자신도 모르게 과거의 생활방식이 나오게 된 것이다. 그 결과 상대의 태도나 행동을 이성이 아니라 동성의 관점에서 받아들이고 판단하려 든다. 이러한 태도는 갈등을 부를 수밖에 없다. 서로가 무시당하고 있다는 느낌을 받기 때문이다. 이래서야 제대로 연애가 진전될 리 없다.

연애란 남녀가 상대를 더 잘 알아가는 과정이다. 소통과 만남을 거듭하면서 상대를 자기의 일부로 여길 수 있을 만큼 이해를 높여가는 과정이 바로 연애다. 이 과정에서 동성끼리의 소통방식은 오히려 장애가 된다. 이러한 소통방식에 근거하여 상대를 판단하는 것은 금물 중의 금물이다. 따라서 연애에서는 이미 익숙한 동성끼리의 소통방식을 버려야 한다. 상대의 소통방식에 맞추어 가면서 더 깊게 이해를 하겠다는 자세가 무엇보다도 필요하다. 절대 내 방식으로 상대를 판단하지 말라. 이것 하나만 염두에 두어도 행복한 연애는 보장된다. 이 책은 의외로 단순한 여자들의 심리를, 의외로 순진한 남자들의 심리를 알려줄 것이다. 사랑하고 싶은가? 연애하고 싶은가? 그렇다면 당신 앞에 있는 상대의 마음을 읽어라.

프롤로그 | 언제쯤 사랑하는 사람의 마음을 다 알까요? • 004

## •1장• 너의 속마음이 궁금해

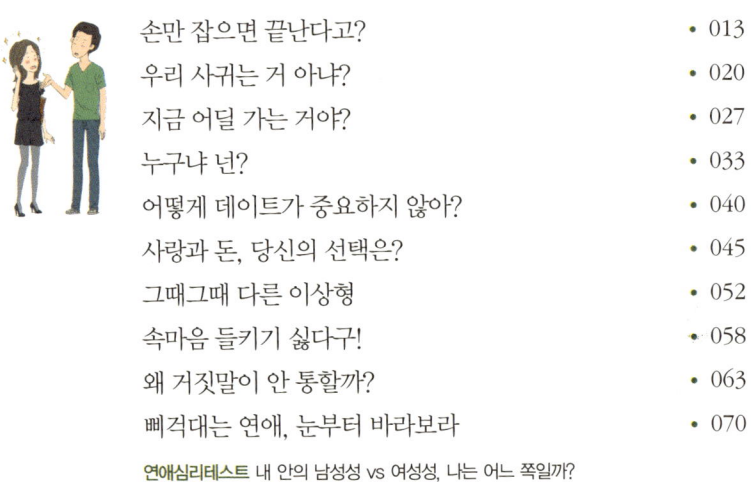

| | |
|---|---|
| 손만 잡으면 끝난다고? | • 013 |
| 우리 사귀는 거 아냐? | • 020 |
| 지금 어딜 가는 거야? | • 027 |
| 누구냐 넌? | • 033 |
| 어떻게 데이트가 중요하지 않아? | • 040 |
| 사랑과 돈, 당신의 선택은? | • 045 |
| 그때그때 다른 이상형 | • 052 |
| 속마음 들키기 싫다구! | • 058 |
| 왜 거짓말이 안 통할까? | • 063 |
| 삐걱대는 연애, 눈부터 바라보라 | • 070 |

연애심리테스트 내 안의 남성성 vs 여성성, 나는 어느 쪽일까?

## •2장• 나와는 너무 다른 당신

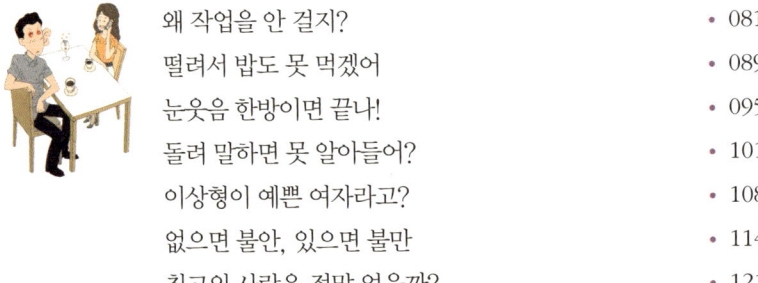

| | |
|---|---|
| 왜 작업을 안 걸지? | • 081 |
| 떨려서 밥도 못 먹겠어 | • 089 |
| 눈웃음 한방이면 끝나! | • 095 |
| 돌려 말하면 못 알아들어? | • 101 |
| 이상형이 예쁜 여자라고? | • 108 |
| 없으면 불안, 있으면 불만 | • 114 |
| 최고의 사랑은 정말 없을까? | • 121 |

연애심리테스트 주위 사람따라 바뀌는 그는 어떤 타입?

# CONTENTS

## •3장• 심리를 알면 연애가 즐겁다

| | |
|---|---|
| 연애의 생명은 역시 대화 | • 133 |
| 누가 답을 물었냐고! | • 138 |
| 사랑이 식었어… | • 145 |
| 누군 시간 남아서 문자 보내니? | • 152 |
| 왜 내가 화났는지 몰라? | • 160 |
| 선물이면 만사 OK? | • 167 |
| 남들과 비교하는 순간! | • 172 |
| 질투는 나의 힘 | • 179 |
| 옛 애인은 갑자기 왜? | • 185 |

**연애심리테스트** 차일까봐 두려운 당신을 위한 체크리스트

## •4장• 연애에도 빨간불과 파란불이 있다

| | |
|---|---|
| 밀당, 연애의 필요충분조건 | • 195 |
| 남자는 생각이 없거든 | • 202 |
| 연애의 정석? | • 207 |
| 말이 안되면 몸으로… | • 213 |
| 님은 가까운 곳에… | • 218 |
| 거절은 찬스야 | • 224 |
| 나르시시스트를 위한 변명 | • 229 |
| 마음이 찍히는 엑스레이 없나요? | • 236 |
| 얼마면 되겠니? 너의 사랑 | • 241 |

**연애심리테스트** 내 연애스타일은 ☐다

• 1장 •

# 너의 속마음이 궁금해

연애 초반에 남성들은 여성들을 만지지 못해 안달이다. 기회만 되면 손을 잡고 어깨를 껴안고 싶어 한다. 그러다 교제가 어느 정도 지속되면 이러한 행동들이 눈에 띄게 뜨막해진다. 오히려 여성들이 더 적극적으로 손을 잡거나 팔짱을 끼려 한다. 남성들은 그러한 여성의 손길을 굳이 뿌리치지는 않지만 반응하는 정도는 예전과 차이가 있기 마련이다. 이쯤 되면 여성들은 남성이 변한 것은 아닌가, 사랑이 식은 것은 아닌가 하고 의심하며 불안해한다. 하지만 그런 의심은 정말 쓸데없다. 이런 식의 행동변화는 남녀 간의 심리에 차이가 있기 때문에 자연스레 벌어지는 현상일 뿐이다.

손을 잡는다든지 포옹을 한다든지 어깨를 껴안는다든지 등을 두드려주는 식의 신체적인 접촉 행동을 햅틱행동 Haptic Behavior이라고 부른다. 한때 휴대폰에서 햅틱 어쩌고저쩌고했던 것이 바로 이 말이다. 햅틱행동은 표정, 시선, 제스처와 함께 비언어적 소통수단의 하나다. 소통에서는 말로 이루어지는 언어적 소통보다는 비언어적 소통이 훨씬 더 중요한 역할을 한다. 특히 상대에게 호의를 표시할 때 말이 차지하는 비중은 미미하다. 비언어적 소통의 3분의 1 정도에 지나지 않는다.

비언어적 소통 가운데에서 근래에 특히 주목을 받는 것이 바로 햅틱행동이다. 햅틱행동이 인간관계에서 차지하고 있는 역할이 생각했던 것보다 훨씬 더 크다는 것이 밝혀졌기 때문이다. 연구자 가운데에는 햅틱행동이 다른 어떤 소통수단보다도 훨씬 더 많은 감정을 전달하고 있고 또 전달할 수 있다고 보는 사람도 있을 정도다. 이만큼 햅틱행동은 소통과정에서 중요한 역할을 한다. 사실 남녀관계에서 친밀함의 정도는 햅틱행동을 빼놓고는 이야기하기 힘들다. 이런 까닭에 사회심리학에서는 햅틱행동에 대한 다양한 실험이 이루어져왔다. 다음과 같은 엑커맨Eckerman, D.A.의 실험을 살펴보자.

실험은 미국 퍼듀대학교의 도서관에서 실시되었다. 실험에 참가한 학생들은 두 그룹으로 나뉘었다. 첫 번째 그룹에서는 남학생들이 책을 반납하러 카운터로 오면 여성 사서가 남학생의 손을 만지도록 되어 있었다. 일부러 정색을 하고 손을 만지는 것이 아니라 책을 주고받는 과정에서 우연히 만지게 되는 형식이었다. 우리들이 슈퍼마켓에서 거스름돈을 주고받다 점원의 손을 자기도 모르게 만지게 될 때가 있는 것처럼 말이다. 만진다기보다는 스친다는 편이 정확할지 모르겠다. 다른 그룹의 남학생들은 손의 접촉 없이 그냥 책을 주고받았다.

남학생이 책을 반납하고 나오면 실험자가 남학생에게 다가가 몇 가지 질문을 했다. 질문에는 사서에 관한 호감도가 포함되어 있었다. 여성 사서가 얼마나 매력적인가를 물어보는 질문이었다. 결과를 보면 학생들은 손 접촉이 있었던 여성 사서를 훨씬 더 매력적으로 평가했다. 일부러 잡은 것도 아니고 우연히 접촉했을 뿐인데도 학생들은 일관되게 손 접촉이 있었던 사서를 매력적으로 평가하고 있었다. 학생들에게 혹시 여성 사서와 손이 닿았던 것을 기억하고 있느냐고도 물어보았다. 물론 대개의 학생은 서로의 손이 닿았는지조차 기억하지 못했다. 기억조차 못하면서도 더 매력적이라고 평가하고 있었던 것이다. 이것은 신체의 접촉이란 것이 무의식 수준에서 우리에게 영향을 미치고 있다는 이야기가 된다.

이밖에도 햅틱행동이 소통과정에서 중요한 역할을 한다는 것을 보여주는 연구는 많다. 가령 선생님이 아이들의 등이나 팔을 두드려주며 격려한 학생들은 그렇지 않은 학생들에 비해 학급 활동에 자발적으로 참여하는 경향이 있었다. 한 연구에서는 의사가 신체적인 접촉을 한 환자의 경우 자신들이 더 오랫동안 진찰을 받았다고 생각했다. 이처럼 햅틱행동은 다양한 영역에서 효과를 발휘하고 있다. 하지만 아무래도 햅틱행동이 위력을 발휘하는 것은 남녀관계에서일 것이다. 햅틱행동이 가장 두드러지는 것이 남녀관계라고 해도 과언이 아니다. 남녀의 햅틱행동에는 묘한 차이가 있다. 그들의 관계가 어느 수준에 있는가에 따라 만지는 방식이 다르다. 게레로Guerrero, L.와 앤더슨Andersen, P.이라는 미국의 심리학자는 영화관과 동물원에서 입장을 기다리며 줄을 서 있는 커플들을 관찰했다. 어느 쪽이 먼저 상대방을 만지는가를 조사하기 위해서였다. 커플들을 멀리서 촬영하고 나서 커플들에게 다가가 두 사람의 관계가 어느 정도 수준인지를 물어보았다. 응답에 따라 커플들은 가벼운 연애관계, 진지한 연애관계, 부부의 세 그룹으로 나뉘었다. 게레로와 앤더슨은 세 그룹 사이에 어떠한 차이가 있는지를 분석했다. 분석결과를 보면 가벼운 연애관계에서 먼저 상대방을 만지는 것은 남성이었다. 진지한 연애관계에서는 남녀가 비슷했다. 부부관계에서는 남성보다는 여성이 먼저 손을 내미는 것이 보통이었다. 이러한 차이는 무엇을 의미할까? 남성은 친밀해지고 싶을 때 적극적으로 신체적 접촉행동을 시도한다. 그러다 서로의 친밀도가 높아지면 햅틱행동에 나서는 횟수가 줄어든다. 최종적으로 결혼이라는 제도로 두 사람의 친밀함이 보장되면 햅틱행동에 거의 나서지 않게 되는 것이 남성이다. 남성이 낚은 고기에 먹이를 주지 않는 것처럼 보이는 것에는 햅틱행동의 자이노 한몫을 단단히 하는 셈이다.

여성은 이와는 정반대다. 여성은 진지한 연애단계 이전에는 신체적 접촉행동을 꺼린다. 하지만 남성과 달리, 서로가 친밀해질수록 적극적으로 나서게 되고 일단 결혼을 하게 되면 햅틱행동의 주도권은 여성이 쥐게 된다. 뒤늦게 불이 붙는 셈이지만, 상대 남성의 열정은 예전만 못한 법이니 문제가 생기지 않는다면 그것이 오히려 이상하다. 여성의 입장에서 본다면 "마음이 변한 게 아니냐, 예전에는 못 만져서 안달이더니 지금은 뭐냐"라는 항변이 나올 수밖에 없다. 하지만 남자라고 해서 할 말이 없는 것도 아니다. "예전엔 그렇게 빼더니, 이제 와서 뒤늦게 주책이냐고."

왜 이런 차이가 생겨났을까? 이것은 남성들의 행동이 과제지향적이라는 것을 떠올려보면 쉽게 알 수 있다. 과제지향적 행동의 특징이라면 목표를 이루고 나서는 그 목표에 대한 열의가 급격하게 식는다는 점이다. 여기서 한 가지 짚고 넘어가야 할 점은 열의가 식었다고 해서 그것에 대한 애정도 식은 것은 아니라는 것이다. 남성에게 있어 연애의 주된 목적은 상대와 친밀해지는 것이다. 어디까지 친밀해지느냐는 사람마다 다르니 한마디로 말할 수 없다. 하지만 한 가지 분명한 것은 일단 남성이 친밀해졌다고 생각하면 남성의 행동은 과거와는 좀 달라진다는 것이다. 연애 전반에 대한 열의가 두드러지게 낮아진다. 남성들이 잡은 물고기에 먹이를 주지 않는 듯 보이는 것은 너무나 당연한 일이다.

앞에서 말했던 햅틱행동에 관련된 연구들은 시사하는 점이 많다. 특히 여성의 마음을 사로잡았는지의 여부가 불확실한 미혼의 남성들에게 강력한 힌트를 준다. 만약 상대 여성이 팔짱을 끼거나 자신을 만지는 것에 주저하는 기색이 있다면, 두 사람의 관계는 아직 친밀한 단계에 이르지 못했다는 것을 의미하니 좀 더 분

발할 필요가 있겠다.

  또한 교제기간이 좀 되는 여성이나 기혼 여성의 경우도 참고할 것이 있다. 시도 때도 없이 만지려고 하던 남성이 요즘 만지는 것에 뜨막해졌다고 해서 상대가 변한 것은 아닐까 하고 의심할 필요는 전혀 없다는 것이다. 적극적으로 접촉을 시도하던 남성이 소극적으로 변한 것은 이미 두 사람의 관계가 친밀할 대로 친밀하다고 상대 남성이 생각하고 있기 때문이니까 말이다.

  햅틱행동의 효과는 강력하다. 서로의 친밀함을 높일 수 있는 아주 훌륭한 무기다. 이처럼 좋은 무기를 쓰지 않고 내버려두기에는 아쉬운 구석이 있다. 당장 오늘부터라도 써보는 것은 어떨까? 단 상대는 애인이나 배우자에 국한시켜야 뒤탈이 없다.

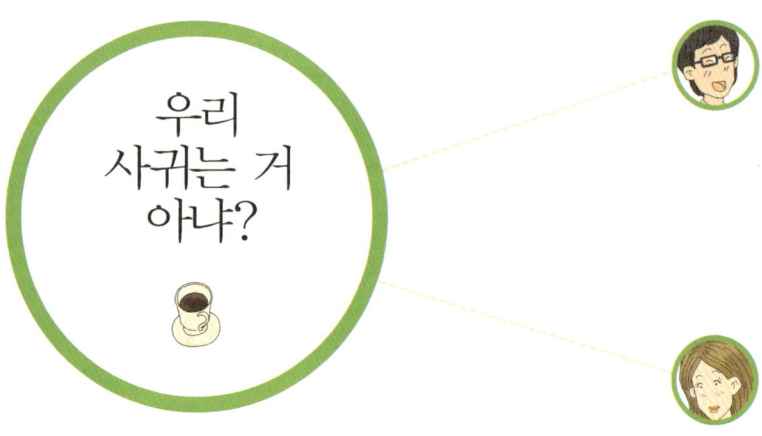

커플에 따라 다르긴 하겠지만 요즘 친구관계에서 연인관계로 업그레이드하기 위해서는 "애인으로 사귀자"라고 구체적으로 말하는 절차가 필요한 모양이다. 옛 세대야 그런 말을 하는 듯 마는 듯 얼렁뚱땅 넘어가는 것이 보통이었다. 프러포즈도 구렁이 담 넘어가듯 했던 옛 세대가 본다면 요즘 세상은 확실히 옛날보다 살기 어려워졌다. 젊은 세대는 첫 단계부터 그것을 공식적으로 표현하는 과정이 필요하다니 말이다.

어쨌든 남자가 여성으로부터 승낙을 얻어냈다고 치자. 물론 여성들이 적극적으로 나서서 남성의 승낙을 받아내는 경우도 있겠지만 아직 대세는 아니다. 주류는 남성이 말을 꺼내는 것이 보통일 것이다.

그런데 "사귀자"는 남성의 말에 대해 "그러자"는 여성의 대답을 두고 남녀 간에 관점의 차이가 있다. 남자는 사귀자는 말에 승낙을 하면 모든 것이 다 이루어진 것처럼 생각한다. 남성들이라면 누구나 희희낙락하겠지만 사실 이것이 마냥 기뻐할 일만은 아니다. 여성의 허락이란 일종의 조건부 승낙이기 때문이다. 앞으로 네가 하는 것을 봐서 결정하겠다는 의미다. 다시 말해 이제부터 네가 나에게 하는 것을 관심 있게 봐주겠다라는 뜻이다. 단 싫지는 않으니 스스로 하기 나름에 따라 앞날을 밝을 수도 있다는 뜻일 뿐이다. 결국 여성들은 자기가 확신할 수 있는 증거를 보여 달라는 이야기를 하고 있는 것이다.

그렇다면 여성들은 어떠한 것들을 남성이 자신을 사랑하고 있다는 증거라고 받아들일까? 진화심리학자 버스Buss, D.의 연구에 따르면 여성들은 자신에게 헌신하는 것을 가장 큰 증거로 받아들이고 있었다. 이것은 남성의 경우에도 마찬가지였다.

'사귀자'는 말의 두 가지 해석

이제부터 조금씩 알아가볼까?

모든 것이 다 허락되는 거겠지?

대학생들에게 사랑과 관련된 115가지 행동들을 보여주고 각각의 행동들이 어느 정도 사랑을 반영하고 있는가를 물어보았다. 그 결과 남녀 모두 헌신적인 행동이 사랑을 가장 잘 반영하고 있다고 대답했다. 다른 사람과 연애하지 않는 것, 결혼에 대해 구체적으로 이야기하는 것, 상대와 아이를 갖고 싶다는 것을 표현하는 것 등이 이러한 범주에 포함된다.

문제는 여성들이 바라고 있는 헌신의 수준이 너무 높다는 것이다. 우리가 한마디로 헌신이라고 말하지만 거기에는 여러 가지 요소들이 포함되어 있다. 우선 헌신에는 직접적이든 간접적이든 당신 한 사람만을 영원히 사랑하겠다는 의사표명이 필요하다. 상대만을 위해 정절을 지키겠다는 다짐도 필요하다. 연애관계라는 것이 두 사람만의 배타적인 독점관계이기 때문에 이러한 다짐이 필요한 것은 당연한데 그것을 말로만 표시해서는 안 된다. 무엇인가 행동으로 보여줄 필요가 있고, 또 여성들은 그렇게 하기를 요구한다.

헌신의 두 번째 요소로는 아낌없는 자원 제공이 있다. 고가의 선물을 한다든지 고급 레스토랑에서 호화로운 식사를 함께하는 식의 행동들이다. 이것은 상대를 위해서라면 아까울 것이 하나도 없다는 표시일 뿐 아니라 상대를 충분히 부양할 수 있는 능력이 있다는 것을 나타내주는 증거가 된다. 여성들이 고가의 선물을 바라는 경우는 전자보다 후자를 확인하고 싶어서일 때가 많다.

　세 번째로는 심적 지원이 있다. 마음으로 지원하는 것이다. 헌신이란 돈만을 쓴다고 되는 것이 아니다. 상대의 심리적인 안정을 위해서 얼마나 애쓰고 있느냐도 중요한 요소가 된다. 따라서 여성이 원한다면 언제나 상담에 응해주어야 한다. 무슨 해결책을 필요로 하는 것이 아니라 그냥 듣고 공감을 해주기를 원한다. 위로를 원하는 것은 물론이다.

　혼자 사는 남성이라면 자기 집 열쇠를 여성에 맡기는 것도 이 범주에 포함된다. 열쇠의 비밀번호를 가르쳐주는 것도 마찬가지다. 여성이 상대 남성의 집 열쇠를 갖는다는 것은 두 가지 메리트가 있다. 우선 여성은 남성의 집을 자기가 원하는 때에 출입할 수 있다는 독점적 지위를 확보한 셈이 된다. 남성에게 가장 중요한 타자의 위치를 차지한 셈이 된다.

　두 번째로는 상대를 구속할 수 있는 장치를 확보한 것이어서 심리적인 안정을 얻을 수 있다. 아무 때나 문을 열 수 있으니 적어도 상대 남성이 다른 여성을 집으로 데려올 수 있는 기회를 봉쇄한 셈이 된다. 여성들에게 이 둘 가운데 두 번째가 더 메리트가 있음은 물론이다.

마지막으로 상대의 자기희생이 있다. 상대 남성이 자기 형편을 고려하지 않고 자신만을 위해 시간과 에너지를 써주는 행위를 원한다. 그리고 여성들은 그러한 행동들을 헌신적인 행동이라고 본다. 이성적으로 볼 때 말도 안 되는 요구를 남성들이 군소리 않고 들어주는 것을 여성들은 가장 큰 헌신의 표시라고 받아들인다. 남성들로 본다면 이런 종류의 헌신이 들어주기 가장 어렵다.

이처럼 여성들이 바라고 있는 헌신은 간단하지가 않다. 결코 만만치 않은 일이다. 여성이 만족할 수 있을 만큼의 헌신을 해줄 남성들은 거의 없다고 해도 지나치지 않다. 물론 여성들도 자기가 만족할 만큼의 헌신을 해줄 남성이 거의 없다는 것은 잘 안다. 따라서 완벽까지는 아니더라도 어느 정도 만족할 수 있을 정도로 남성이 헌신을 해줄 것을 기대한다. 사실 남성에게는 이 수준도 힘들 경우가 있지만 말이다.

이렇게 본다면 TV 드라마 〈시크릿가든〉이 왜 여성들 사이에서 폭발적 인기가 있었는지 저절로 알 수 있다. 드라마에서 현빈은 이 네 가지 종류의 헌신을 완벽하게 해냈다. 재벌 아들이니 경제적으로 헌신하는 것은 너무나 당연하다. 게다가 가장 어렵다는 자기희생, 스스로의 목숨을 바쳐 상대를 살린다는 헌신까지 해냈다. 이런 헌신에 여성들이 마음을 뺏기지 않는다면 그것이 오히려 이상할 것이다. 또한 〈시크릿가든〉의 인기는 여성들이 사랑의 표시로서 헌신을 얼마나 높게 평가하고 있는지를 그대로 대변해주었다고 할 수 있다.

여성들이 위의 네 가지 요소 가운데 어느 것을 높이 평가하고 있는지를 빨리 파악하는 것이 필요하다. 요즘같이 어려운 세상에서는 남성이 가진 자원을 그쪽에 집중하는 것이 사랑받는 비결이다.

# 지금 어딜 가는 거야?

여성들은 강하게 자신을 리드해줄 수 있는 남성을 좋아한다는 말이 과연 사실일까? 사회심리학의 연구들을 보면 이 말은 별로 신빙성이 없어 보인다. 경우에 따라 너무 다르기 때문이다. 물론 데이트에서 일일이 물어보는 남성보다는 미리 스케줄을 잡아놓고 알아서 착착 잘하는 남성들을 좋아하기는 한다. 여자를 배려한답시고 무슨 결정을 내릴 때마다 일일이 물어보는 남성보다는 자기

가 알아서 결정을 내려주는 편을 더 좋아한다.

굳이 이유를 따지자면 그 쪽이 편하기 때문이다. 귀찮게 신경 쓸 필요도 없고 또 함께한 식사나 영화가 형편없더라도 스스로 책임져야 할 일이 없기 때문이다. 이런 까닭에 여성들은 연애 경험이 없는 초짜보다는 다소의 연애 경험이 있는 남성들을 선호하기도 한다.

하지만 여성이 이런 남성을 좋아하는 것은 결과가 좋을 때만이다. 보자고 해서 본 영화가 재미있었든지, 데려간 식당의 음식 맛이 훌륭했을 때의 이야기라는 것이다. 남성이 독단적으로 내린 결정의 결과가 좋지 않았을 때 남성들에 대한 여성의 호의도는 가혹하리만치 낮아진다. 아무 의논 없이 남성 스스로 내린 결정의 결과가 형편없다면 그동안 벌어놓은 호의도를 한 방에 깎아먹는다. 이것이 거듭된다면 어떠한 결말이 기다리고 있을지는 뻔하다. 따라서 여성들이 강한 남성을 좋아한다는 말을 곧이곧대로 믿기에는 너무나 위험한 구석이 있다.

다음과 같은 실험을 살펴보자. 실험은 미로에서 이루어졌다. 얼마나 미로에서 빨리 탈출하느냐가 실험의 내용이었다. 실험을 위해 처음 만난 남녀 1쌍이 2인 1조가 되어 미로로 들어갔다. 복잡한 미로다보니 얼마 가다보면 당연히 길을 잃을 수밖에 없다.

어느 쪽으로 나가야 밖으로 나갈 수 있을지 전혀 구분이 안 된다. 얼마간의 시행착오 끝에 남자가 자신 있는 어조로 단호하게 말한다. 이쪽으로 나가면 분명히 나갈 수 있다고. 남성은 곧 여성의 팔을 잡고 끌고 나간다. 여성으로서는 확신이 가지는 않지만 남성이 저토록 자신 있게 말하니 거부할 이유가 없다. 남성의 손에 끌려갈 수밖에.

얼마 지나지 않아 출구를 찾을 수 있었다. 출구로 나오자 실험을 주재했던 사람이 기다리고 있다. 주재자는 이들에게 다가와 말을 건넨다. 당신들이 탈출하는 데에 걸린 시간은 얼마이고, 그것은 참가자들 가운데 몇 등에 해당한다고.

여기까지는 형식적인 절차였고 실험의 목적은 따로 있었다. 탈출게임에서 거둔 성적에 따라 상대 남성에 대한 호감도가 달라지는지를 알아보는 것이 이 실험의 본래 목적이었다. 여성들에게 한 조를 이루어 미로에서 탈출했던 남성에 대한 호감도를 물어보았다. 그리고 기회가 된다면 데이트를 할 용의가 있느냐고도 물어보았다. 여성들의 반응은 어땠을까?

이 실험에서는 출구를 찾는 데에는 여성의 의사가 전혀 반영되지 않았다. 남성이 질문조차 하지 않았으니 반영될 여지가 전혀 없었다. 남성들이 독단적으로 모든 것을 결정했다. 한마디로 모

든 것을 남성이 리드하는 상황이었다.

결과는 분명하게 갈렸다. 탈출시간이 짧아 거둔 성적이 좋은 경우 여성들의 남성들에 대한 호의도는 높았다. 당연히 남성과 데이트할 용의가 있다고 이야기했다.

반면 시간이 너무 걸려 성적이 나쁜 경우는 좋은 때와 너무 큰 차이가 있었다. 호감도 자체도 낮았고 그러다보니 데이트하고 싶은 마음이 아예 없다고 응답하는 여성들이 많았다. 나쁜 결과도 결과지만 남성들의 독단적인 태도에 질린 듯했다. 이후 이와 비슷한 실험이 이어졌지만 결과에는 별 차이가 없었다.

결정이 가져다준 결과에 따라 남자의 강한 리드는 극단적인 평가를 받았다. 결과가 좋으면 호감도가 높아지지만 결과가 나쁘면 사람에 관계없이 호감도가 떨어졌다. 그것도 아주 많이. 이것은 남성 혼자서 독단적으로 결정을 내린다는 것은 메리트보다 디메리트가 훨씬 크다는 것을 의미한다.

그렇다면 남성이 강한 리드가 아니라 서로 의논을 통해서, 다시 말해서 여성의 의견을 참고해서 결정을 내리는 것은 어떤 결과를 가져올까? 가령 미로에 갇혔을 때 남자가 상대와 의논을 통해서 결정했을 때는 결과가 어떠했을까?

위의 실험에서는 비교대조를 위해 남자와 여자가 서로 의논해서 탈출하는 실험도 이루어졌다. 전적으로 여성의 의견만을 듣는 것이 아니라 양쪽의 의견을 종합해서 결정을 내리는 형식이었다.

이 경우에도 결과에 따라 차이가 확인되었다. 앞의 실험에서처럼 결과가 좋으면 남성에 대한 호감도는 올라갔다. 마찬가지로 결과가 나쁘면 남성에 대한 호감도도 같이 떨어졌다. 하지만 떨어진 호감도의 정도는 앞의 실험보다 낮았다. 결국 여성들은 나쁜 결과를 가져온 결정이라도 자기의 의견이 반영되었다면 그렇게 가혹하게 평가하지는 않았다는 이야기가 된다.

여성들의 이러한 성향은 남성들에게 시사하는 바가 크다. 결과를 자신할 수 없는 결정이라면, 그것이 영화든 오페라든 식사든 데이트 코스든 남성이 독단적으로 결정을 내리는 것은 무덤일 수도 있다는 점이다. 자신할 수 없는 결정이라면 여성에게 물어 의견을 참고하거나 아니면 완전히 여성에게 떠맡겨버리는 것이 안전하다.

요즘 인터넷에는 신뢰성이 없는 정보가 넘쳐난다. 아르바이트나 관계자들이 올린 상업성 글들 때문에 제대로 판단을 내리기가 어렵다. 댓글도 마찬가지다. 그만큼 인터넷의 글들만 보고 영화나 음식점, 카페 등을 결정하는 것은 위험부담이 크다는 이야기다. 더구나 그런 글들을 철석같이 믿고 여성의 의견을 묵살해버린다면 이것은 자살행위나 마찬가지다.

사실 기혼 남성들은 여성의 이러한 성향을 잘 알고 있다. 미리 알고 있었다기보다 하도 당하다보니 저절로 알게 된 셈이다. 그런 까닭에 집안 내의 결정들, 특히 중요하지 않은 결정들은 여성에게 전적으로 떠맡긴다. 그것이 편하다는 것을 알기 때문이다. 처음부터 그랬던 것은 아니다. 자신이 결정해보기도 했지만 그 끝이 별로 좋지 않다는 것을 깨달았다. 결과가 좋았을 때 얻을 수 있는 메리트보다는 결과가 나빴을 때 얻는 디메리트가 훨씬 더 크다는 것을 체득했다. 모든 것이 다년간의 경험 덕이다. 따라서 "때로는 엄마 노릇하랴, 누나 노릇하랴. 어디 그 뿐인가. 어떨 때는 여동생 노릇도 해야 하고 친구 노릇도 해주어야 한다. 이러다보니 정작 마누라 노릇에는 소홀해진다"라는 요즘 기혼 여성들의 탄식에는 분명 스스로가 자초한 구석이 있다.

결국 자신을 리드해주는 남성을 좋아한다는 여성들의 말은 빈말이라고 보아 무리가 없다. 당장 오늘부터 혼자서 모든 것을 결정하면서 여성을 리드해보라. 무슨 일이 벌어질까에 관해서는 두말할 필요가 없겠다.

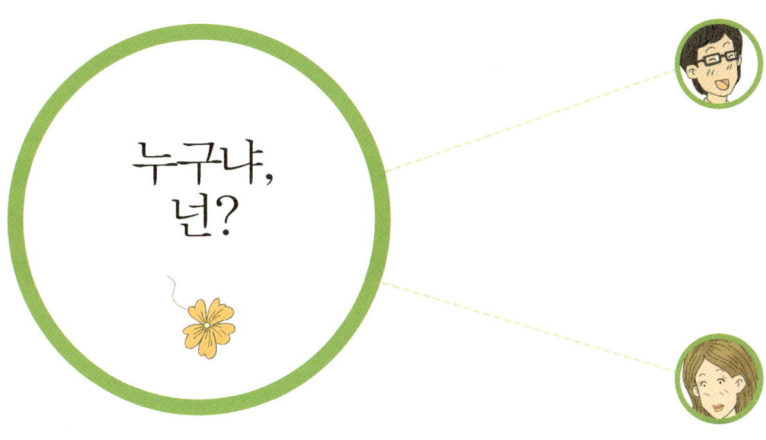

# 누구냐, 넌?

둘만 있을 때와 주위에 사람이 있을 때 너무나 다른 모습을 보여주는 남녀들이 있다. 둘만 있을 때는 알콩달콩 잘 해주다가도 주위에 사람들이 있으면 싹 달라지는 사람들이다. 누군가의 시선을 의식해야 하는 상황에서는 모습이 표변하는 사람들이다. 과연 이 사람이 그 사람이 맞는지 의심이 갈 정도로 확연히 달라진다. 주위에 사람이 있으면 잡았던 손도 슬며시 놓아버리고 얼굴 표정도

새침해진다. 그러다 단둘만이 되면 또 달라진다. 예전의 모습으로 바로 돌아오는 것이다. 이런 경험을 한 사람들이 꽤 될 것이라고 생각한다. 이런 식으로 행동하는 것은 성격 때문이고 또 이런 성격을 가진 사람이 적지 않으니까 말이다.

사실 상대가 이런 행동을 한두 번 한다고 해서 크게 신경 쓰이는 것은 아니다. 하지만 너무 자주 이런 행동이 거듭되면 "나를 창피해하는 것은 아닌가" 하는 의심이 들 수 있다. 사람인 이상 이런 생각이 드는 것은 당연하다. 하지만 그렇지는 않다. 단언할 수 있는데, 당신을 창피하게 여겨 그런 식으로 행동하는 것은 절대 아니다. 단지 그 사람의 성격 때문이다. 그로서는 어쩔 수 없는 행동이다. 성격은 잘 고쳐지지 않는다. 사정이 이러하니 서서히 바뀌어 나가기를 기대할 수밖에 없다. 따라서 신경이 좀 쓰이겠지만 이쪽이 이해해 주는 것이 두 사람의 관계를 위해 바람직하다.

사람의 성격은 여러 가지로 구성되어 있다. 심리학자인 앤더슨 Anderson, N.에 따르면 성격을 나타내는 말이 555가지가 있을 정도로 사람의 성격특성은 다양하다. 이런 성격들 가운데에서 위에서 말한 행동을 일으키는 것은 자기의식이라는 성격이다.

자기의식이란 늘 자기에게 주의를 기울이고 또 자기를 의식하

기 쉬운 성격 특성을 말한다. 주위의 시선을 느끼는 정도가 자기의식이라고 할 수 있다. 자기의식은 공적 자기의식과 사적 자기의식의 두 가지로 나눌 수 있다.

공적 자기의식은 자신의 용모나 행동과 같은 외적 측면에 주의를 기울이기 쉬운 경향을 말한다. 공적 자기의식이 높은 사람은 다른 사람의 반응에 늘 주의를 기울인다. 자기의 외적 측면에 신경을 쓰는 만큼 당연한 결과다. 공적 자기의식이 높은 사람은 다른 사람이 자기를 어떻게 볼까 하는 데 늘 신경을 쓰며 살아간다.

반면 사적 자기의식은 자신의 생각, 동기, 태도 등 내적 측면에 주의를 기울이기 쉬운 경향을 말한다. 사적 자기의식이 높은 사람은 타인의 시선에 그다지 신경을 쓰지 않는다. 주위 사람들의 반응에 개의치 않고 자기가 생각한 대로 행동한다. 그만큼 자기중심적이다. 사회심리학의 연구 결과를 보면 자기주장이 강한 미국 사람들의 경우 사적 자기의식이 높은 사람이 많고, 인간관계를 중시하는 일본 사람들의 경우 공적 자기의식이 높은 사람이 많았다.

사람이 두 가지 자기의식 가운데 어느 것 하나만을 가지는 것은 물론 아니다. 이것은 공적 자기의식의 반대가 사적 자기의식이 아니라는 것을 의미한다. 공적 자기의식과 사적 자기의식은 별개의 성격 특성이다. 따라서 사람이라면 누구나 공적 자기의식과 사적 자기의식을 동시에 가진다. 다만 그 정도에 차이가 있을 뿐이다. 공적 자기의식과 사적 자기의식이 모두 높은 사람이 있을 수 있고, 반대로 두 가지 자기의식 모두 낮은 사람도 있다. 그 외에 공적 자기의식이 높고 사적 자기의식이 낮은 사람도 있으며, 이와 반대로 사적 자기의식이 높고 공적 자기의식이 낮은 사람도 있다. 공적 자기의식과 사적 자기의식의 조합으로 네 가지 유형을 도출할 수 있다는 말이다.

모든 성격이 그렇듯이, 공적 자기의식이 높은 것이 좋으냐 아니면 사적 자기의식이 높은 것이 좋으냐 하는 문제는 한마디로 말할 수 있는 성질의 것이 아니다. 다만 타인의 시선에 신경을 쓰는 공적 자기의식이 높은 사람의 경우, 인간관계에서 어려움을 호소하는 사람이 많다. 가령 공적 자기의식이 높은 사람 가운데는 일대일 상황, 다시 말하면 두 사람만 있는 상황에서 자기표현이 힘들다고 호소한다. 상대방이 어떻게 보느냐에만 신경을 쓰다 보니 있는 그대로 자기를 드러내기 어렵기 때문이다. 이러다 보니 공적 자기의식이 높은 사람은 제대로 된 연애 한번 하기 힘들다. 연애란 거의 모든 일이 일대일 상황에서 진행된다. 그런데 모처럼 기회가 와도 상대방의 시선에만 신경을 쓰다보면 자기를 제대로 표현하지 못한다. 결국 연애 관계를 깊이 진행시키기가 어렵고, 아쉬움과 후회만 남는다.

공적 자기의식이 높은 사람도 일단 친밀해지면 문제가 없다. 가령 연애할 때 두 사람만 있을 때는 여느 사람들과 다름이 없다. 문제는 다른 사람이 주위에 있을 때다. 특히 아는 사람과 함께하는 자리에서는 행동이 달라진다. 그들의 시선을 느낀 탓이다. 이런 성격을 가진 사람을 파트너로 둔 사람은 상대의 행동을 이해해주는 수밖에 없다. 쉽게 바뀌지 않기 때문이다. 그리고 한 가지 더 신경 써주어야 할 것이 있다. 그 사람이 질투를 느낄 수 있는 행동을 피해야 하는 것이다.

공적 자기의식이 높은 사람은 다른 사람이 자신을 주목한다고 생각하기 쉽다. 또 그러한 심리 상태가 영향을 주어 실제 이상으로 다른 사람의 관심이나 행위의 대상이 자신이 아닌가 생각하게 된다. 공적 자기의식이 높은 사람은 자기를 기준으로 남의 행동을 해석하는 경향이 있다. 이 때문에 연애 관계에서도 질투심이 강한 편이다. 자기의 애인이 다른 사람과 친밀하게 이야기하는 것을 보는 것만으로 질투심을 느끼기도 한다. 일부러 자기에게 보여주려는 행동이 아닌가 하고 의심하기 때문이다.

또한 공적 자기의식이 강한 사람은 다른 사람의 행동과 관련해서 자신의 가치를 평가하기 때문에 자신을 경시하는 듯한 다른 사람의 행동에 바로 불쾌감을 느끼기 쉽다. 다만 다른 사람에 상처를 주지 않으려고 직접적인 표현을 삼가고 속으로 삭일 뿐이다. 이 점은 이쪽에서 배려해주어야 할 부분이다.

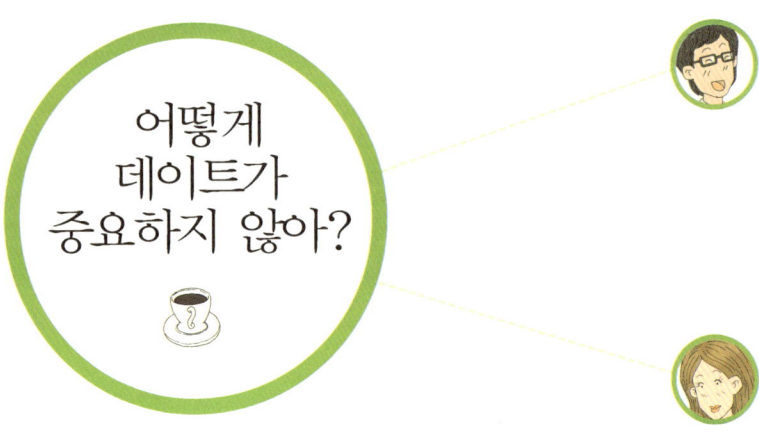

# 어떻게 데이트가 중요하지 않아?

특별히 성욕이 강한 남자가 아니더라도 교제기간이 길어지면 보채기 마련이다. 보채기 시작하는 시점이 다를 뿐이다. 만난 지 며칠 되지 않아 시작하는 남성도, 몇 년이 지나도 아무 소리도 않는 남성들도 있다. 하지만 일단 말을 꺼냈다면 때로는 집요하게, 때로는 느슨하게 완급을 조절하기도 하면서 매달리게 된다. 시달림을 당하는 여성으로서는 "얜 뭐지? 이거 순전히 한 번 같이 자는 게 목적 아냐?"라는 의심이 들 정도다.

하지만 남성들이 이렇게 나오는 것은 당연하다. 남성들은 데이트 자체에는 큰 매력을 느끼지 않는다. 더 기대되는 것은 데이트 이후의 과정이다. 데이트 이후의 과정이 생략되면 남성으로서는 허탈감을 느낄 수밖에 없다. 이에 반해 여성에게 데이트란 서로를 알아가고 확인하는 소중한 과정이다. 데이트 자체에 의미를 두는 것이다. 카페에 앉아 겉보기에는 다정하게 이야기를 나누고 있는 남녀들의 머릿속은 의외로 복잡하다.

남성들은 데이트보다는 그 이후의 과정에 더 관심이 많다. 그 이후의 과정이란 물론 섹스다. 데이트란 그 과정을 위해서 필요한 절차다. 이것은 러셀Russel, D.C.과 엘레인Elaine, H.의 실험 결과를 보면 잘 알 수 있을 것이다.

실험대상자는 48명의 남자 대학생들이었다. 플로리다주립대학교 캠퍼스에서 한 여학생이 남학생에게 다가가 말을 건넨다. 남학생이 너무 매력적이라고 이야기하면서 그 다음 말을 이어간다. 이어지는 말에는 실험조건에 따라 다음의 세 가지가 각각 준비되어 있었다.

1 오늘 저랑 데이트할래요?
2 제 아파트로 놀러오지 않으실래요?
3 저랑 오늘 밤 하지 않으실래요?

이 실험은 미국에서 이루어졌던 만큼 대담한 구석이 있다. 실험이 이루어진 1970년대는 미국에서 성혁명이 절정기였던 때라 지금 보기에도 과감하게 보이는 실험들이 꽤 있었다. 어쨌든 이러한 단도직입적인 요청에 남성들은 어떻게 대답했을까? 만약 당신이라면 어떻게 대답했을 것인가?

결과를 보면 데이트를 요청하는 말에는 56%의 학생들이 그러자고 대답했다. 아파트로 놀러오지 않겠냐는 성적인 뉘앙스를 풍기는 말에는 60%가 동의했다. 노골적으로 성행위를 갖자는 세 번째의 질문에는 가장 많은 75%가 동의했다. 아무리 아름다운 여성이라고는 하지만 초면의 여성이 제안한 것에 4분의 3 이상이 흔쾌히 동의했다. 사실 세 번째 요청에 동의한 남성들은 75%보다 많았다. "오늘은 안 되지만, 내일은 괜찮은데"라는 대답이 꽤 있었기 때문이다.

남성이란 이런 존재다. 이 결과를 보면 남성이란 데이트보다는 섹스에 목적이 있는 것이 분명하다. 데이트는 섹스로 이어지기 위한 전초전쯤으로 생각한다는 것이 이 실험으로 분명해졌다. 데이트하자는 요청보다 섹스하자는 요청에 25%나 더 많은 학생들이 그러자고 대답한 것을 보면 말이다. 만약 똑같은 상황이 흥청망청대는 유흥가에서 벌어진다면 얼마나 많은 남성들이 기꺼이 응할 것인가는 미루어 짐작하기 어렵지 않다.

그렇다면 여성의 경우는 어떠할까. 같은 실험이 48명의 여학생을 대상으로도 이루어졌다. 남학생이 여학생에게 다가가 똑같은 말을 했던 것이다. 결과를 보면 여성의 절반은 데이트를 하지 않겠냐는 남성의 제안에 응했다. 그러나 두 번째, 세 번째 제의에 대한 반응은 남성들과 극명하게 갈렸다. 자신의 아파트로 놀러오라는 두 번째 제안에는 6%가 동의를 했지만 성관계를 갖자는 요청에는 동의한 여성이 단 한 명도 없었다.

이 실험에서 이성에게 다가가서 말을 건네고 부탁을 하는 역할을 하는 사람들은 6명의 남녀 대학생들이었다. 외모는 출중한 편은 아니었고 실험자의 평가에 따르면 "그다지 매력적이지 않다"에서 "약간 매력적이다"라고 평가할 수 있는 범위의 학생들이었다. 부탁을 한 남녀들의 외모가 특별히 출중했던 것은 아니라는 이야기다. 그런데도 이런 정도의 결과가 나왔다.

이 결과를 보고 혹시 실험대상자, 다시 말해 데이트하자고 부탁을 받는 학생들이 너무 외모가 빠지는 사람들이 아니었느냐고 의심할 수도 있다. 남녀교제의 기회가 너무 없었던 사람들이라 이성의 요청을 덥석 받아들인 것이 아니냐고 의심하는 사람들도 있을지 모르겠다. 하지만 그것은 쓸데없는 의심이다.

실험에서는 준비단계에서 실험대상자들의 외모를 평가했다. 평가에 따르면 실험대상자들의 외모는 남성의 경우 9점 만점에 7.30점, 여성의 외모는 9점 만점에 7.70점으로 상당히 뛰어난 편에 속했다. 이것은 데이트 요청을 하는 역할을 하는 학생들에게 다음과 같은 기준에 따라 대상자를 선정하라고 했으니 당연한 결과이기도 했다. "만약 기회가 주어진다면 기꺼이 성관계를 맺을 수 있을 정도로 매력적인 이성을 택하라."

남성들에게는 실망스러울지도 모르지만 성에 대해 여성들은 이렇게 반응한다. 여성들이 이런 식의 반응을 보여주기 때문에 그나마 사회가 유지되고 있는지도 모른다. 여성들이 남성들이 하는 식으로 했다가는 벌써 이 사회는 소돔과 고모라가 되었을 것이다.

# 사랑과 돈, 당신의 선택은?

우리나라 여성들의 미혼율이 급증하고 있다. 결혼적령기라고 할 수 있는 25~29세의 경우 미혼율은 2005년 현재 59.1%에 이른다. 1975년 11.8%에 지나지 않았던 것과 비교해 보면 무려 5배 이상이 되는 무지막지한 수치다. 30대 초반의 미혼율도 만만치 않아 19%에 달한다. 이 수치는 2005년 기준이므로 새롭게 통계가 발표되면 수치는 더 늘어났을 것이라고 예상된다.

이러한 수치들은 일본과 비교해보아도 손색이 없다. 2005년 현재 일본 여성들의 미혼율을 보면 25~29세의 경우 59%로 우리 사회보다 오히려 0.1% 낮다. 30~34세의 경우는 32.0%로 우리나라보다 13% 높다. 사회문제라는 면에서 우리나라는 일본과 비슷한 길을 걷고 있어 우리 사회도 이 연령 대의 미혼율이 급격히 높아질 것이라고 예상된다.

문제는 이 연령 대 여성들이 결혼할 가능성이 그다지 높지 않다는 것이다. 이것은 여성들이 배우자에 대해 어떤 생각을 하고 있는지를 보면 바로 알 수 있다. 우리나라에는 이와 관련된 데이터들이 부족하지만 우리나라보다 더 일찍 낮아지는 미혼율 때문에 고민을 했던 일본 사회는 풍부한 데이터를 갖고 있다. 그러한 데이터를 보면서 여성들의 속마음을 추론해보자.

겉으로 드러난 여성들의 결혼관은 대단히 건전하다. 일본의 결혼정보회사인 매치닷컴이 실시했던 이상적인 배우자감에 대한 조사에 따르면 여성들이 가장 중요시하는 조건은 성격이었다. 응답자의 92%가 성격이 가장 중요하다고 여기고 있었다. 2위는 가치관으로서 89%를 기록했다. 그 뒤를 83%의 애정이 이었다. 4위에 비로소 돈과 관련된 응답이 나온다. 나오긴 나왔지만 그것은 경제력이 아니라 금전감각의 일치로써 68%를 기록했다. 5위가 드디어 경제력이다. 49%로 절반에도 못 미친다. 이 결과만 본다면 일본 여성들의 결혼관은 대단히 건전하다. 우리나라 조사에서도 항상 1위를 차지하는 것은 성격이긴 하다. 성격이나 가치관, 애정과 같은 내면적 요소를 중시하는 여성들이 결혼은 왜 그리 안 하고 있을까?

이것은 어디까지나 표면적인 이야기일 뿐, 한 꺼풀 벗겨보면 이야기는 전혀 달라진다. 여성의 경우는 남성이 경제적 조건을 넘긴 상태에서 위에 말한 조건을 중요시한다는 것이 조사 결과 드러났기 때문이다. 바꾸어 말하면 경제력이 없다면 성격, 가치관이 아무리 좋아도 결혼할 수 없다는 것이 여성들의 본심이다.

여성들이 필수조건으로 요구하고 있는 경제적인 요건은 대단하다. 남성의 입장에서 본다면 입이 쩍 벌어질 정도로 요구 수준이 높다. "결혼에 상대방의 경제력은 필수조건이다"라는 항목에는 여성의 81%가 동의하고 있었다. 남성의 경우에는 29%에 지나지 않았다. 돈 없는 남성은 아예 결혼할 꿈도 꾸지 말라는 이야기다.

"부모님이 길러주실 때의 경제력과 같거나 그 이상의 사람과 결혼하고 싶다"라는 항목에는 여성의 67%, 남성의 22%가 동의하고 있다. 여성의 3분의 2 이상이 평범한 독신 남성이 감당할 수 있는 수준 이상의 경제력을 요구하고 있다. 아버지 수준의 경제력을 20~30대 남성에 요구하고 있는 것이다.

비슷한 항목들에 대한 동의 정도를 보면 다음과 같다.

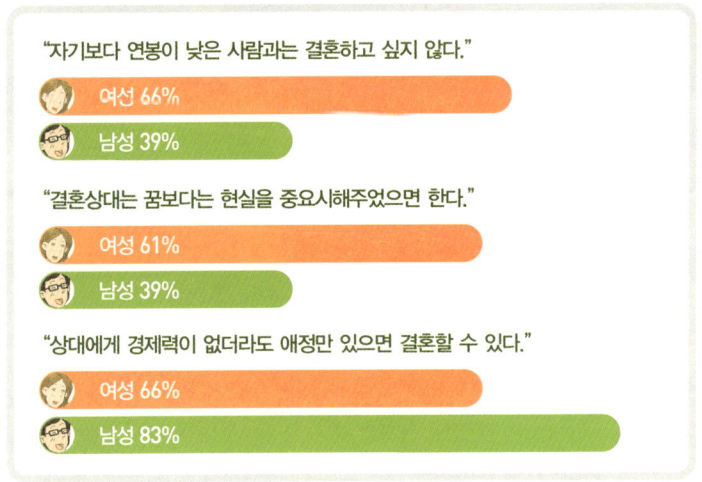

결혼상대를 고를 때 중요시하는 위 조건에 대한 대답과는 180도 다르다. 같은 여성들이 대답한 것인지조차 의심스러울 정도로 여성들의 경제력 일변도는 노골적이다.

그렇다면 여성들은 결혼상대 남성들이 어느 정도의 수입을 올려야 한다고 생각하고 있을까? 우선 여성들에게 결혼상대 남성에게 요구하는 이상적인 연봉은 어느 정도인가를 질문해보았다. 최저 600만 엔(7,800만 원 정도)이라고 응답한 여성들이 43%로 가장 많았다. 800만 엔(1억 400만 원) 이상(16%), 1천만 엔(1억 3,000만 원) 이상(6%), 1,500만 엔(1억 9,500만 원) 이상(1%)을 합하면 응답 여성의 3분의 2(66%)가 600만 엔 이상을 이상적인 연봉이라고 생각하고 있었다.

이상은 그렇다고 치고 타협할 수 있는 최저한의 연봉 수준은 어느 정도인가를 물어보았다. 그 결과 400만 엔(5,200만 원) 이상이 46%로 가장 높았고 그 뒤를 600만 엔 이상의 38%가 잇고 있었다. 8할 이상의 여성이 최소한 연봉이 400만 엔 정도는 되어야 결혼할 수 있다고 생각하고 있다.

문제는 남성들의 수입이 그렇게 높지 않다는 데에 있다. 25세에서 39세까지의 직장이 있는 남성에게 수입을 질문해 본 결과 연봉이 400만 엔을 넘는 남성은 58%로 절반을 약간 넘고 있었다.

일본 여성들이 생각하는 이상적인 연봉인 600만 엔 이상은 17%에 불과했다. 이런 점에서 우리나라 여성들도 일본 여성들과 크게 다르지 않다.

게다가 일본은 신혼집을 마련하는 데 별 부담이 없다. 월세 5개월치만 미리 주면 집을 얻을 수 있기 때문이다. 그런데도 경제적인 이유 때문에 결혼을 못하는 남성들이 일본 사회에 넘쳐나고 있다. 일본과는 달리 우리 사회는 집을 마련하는 데에 너무나 많은 비용이 든다. 전세를 얻는 데도 1억은 가뿐하게 든다. 여기에 결혼비용까지 생각한다면 경제적 요건을 충족시킬 수 있는 남성은 훨씬 줄어든다. 결국 우리 사회도 일본이 걸어가고 있는 길을 따라갈 수밖에 없다는 이야기다.

# 그때그때 다른 이상형

성역할관도 가치관의 한 종류인 만큼 잘 변하지 않는다. 따라서 일단 내면화된 성역할관은 오랫동안 유지되기 마련이다. 가치관과 유사한 생각들은 여간한 경우가 아니면 잘 변하지 않는다는 의미다. 물론 절대로 변하지 않는 것은 아니다. 나이나 역할에 따라 변하긴 한다. 공평과 평등을 그토록 중시하던 며느리가 일단 시어머니가 되더니 언제 그랬느냐는 듯이 변해버린 예를 보면 알 수 있다.

다음과 같은 상황을 상상해보자. 친구가 남성을 소개해준다고 한다. 친구의 말을 들어보니 내가 이상으로 생각해오던 타입과 비슷했다. 친구는 "다 좋은데, 그 남자가 좀 보수적이래. 여성은 결혼하면 집에서 살림이나 하면서 애들 잘 키우는 게 최고라고 하던데"라고 단서를 달았다. 소개받는 남자가 전통적인 남녀관의 소유자라는 것을 분명히 한 것이다. 이 말을 굳이 한 것은 내가 맹렬까지는 아니더라도 상당히 진보적인 여성관, 다시 말해 "여성은 결혼을 하더라도 자기실현을 위해서는 직업을 가져야 한다"고 이야기하는 것을 들어왔기 때문이다.

자, 당신이라면 어떻게 할까? 상대가 아깝긴 하지만 그런 고루한 남자와는 만날 필요조차 없다고 소개를 거절할까? 한 번 얼굴이라도 보는 것이 나쁘지는 않을 것이라고 생각할까? 아니면 여건만 된다면 현모양처의 길을 걷는 것도 나쁘지 않겠다고 마음을 바꿀까?

다음과 같은 실험을 살펴보자. 재너Zanna, M.P.와 팩Pack, S.J.이 주재했던 이 실험은 프린스턴대학교 3학년 여학생들을 대상으로 이루어졌다. 실험대상자들에게는 다음과 같은 설명이 주어졌다. 주어진 상대의 정보를 바탕으로 일단 인상을 형성해보고, 그 다음에 직접 만나서 자기가 형성한 인상이 얼마나 정확한지를 확인해보는 것이 실험의 목적이라고 했다.

인상을 형성할 대상에 대한 간략한 정보는 다음과 같았다. "프린스턴대학교 3학년. 신장은 183센티미터. 사귀는 여성은 없음. 차를 소유하고 있고 드라이브가 취미. 스포츠를 즐김." 여대생으로서는 솔깃할 수밖에 없는 유형이었다. 장신에 스포츠를 좋아하고 차가 있다는 것은 당시의 여대생들이 선호하는 조건이었기 때문이다. 게다가 자신과 같은 프린스턴이라는 명문대를 다니고 있다니 금상첨화였다.

이와 같은 정보가 주어지고 나서 그 남성이 작성해놓은 설문지가 배부되었다. 설문지를 보니 남성은 상당히 전통적인 가치관의 소유자인 듯했다. "여자는 가정적이다. 여자는 남편의 말에 순종해야 한다. 여자는 정숙해야 한다"라는 전통적인 여성관에 상당히 동의하고 있는 듯했다. 전통적 여성관에 관련된 항목들에 대해 모두 "대단히 동의함"이라는 답이 체크되어 있었기 때문이다.

설문지를 다 보고 나니 또 다른 설문지가 주어졌다. 실험자들은 똑같은 실험이 남성들을 대상으로도 이루어지고 있다는 말을 전했다. 따라서 여성들도 자신의 정보를 주어야 하니 주어진 설문지를 솔직하게 기입해달라는 부탁을 받았다. 설문지의 내용은 "감정을 잘 표현하지 않는다", "부드럽다" 등의 11가지 성격특성이 자신에게 얼마나 부합하는지를 기록하는 것이었다.

사실 여학생들이 마주한 설문지는 3주 전에도 본인들이 작성한 적이 있었다. 그때는 남성들에게 보여준다는 이야기가 없었다. 설문에 대한 응답은 학문적인 목적에만 사용될 것이니 솔직하게 대답해달라는 부탁뿐이었다. 따라서 여학생들은 아무 부담 없이 솔직하게 대답했을 것이다. 다시 말해 설문에 대한 응답은 자신의 본모습에 가까웠다는 이야기다.

사실 이 실험의 목적은 이 두 가지 설문에 대한 응답의 차이를 보는 것이었다. 매력적인 남성에게 설문을 보여준다는 것이 평소의 생각을 얼마나 바꾸었을까를 확인해 보는 것이 실험의 원래 목적인 것이다.

결과를 보면 이상적인 조건의 이성을 만난다는 것이 여성의 의사를 극적으로 변화시켰다. 남성들의 여성관에 자신을 맞추는 방향으로 변화시킨 것이다. 더욱이 3주 전 조사에서 자신이 진보적인 여성관을 가졌다고 대답했던 여성일수록 변화 폭이 컸다. 3주 전의 설문지에서는 자신을 진보적이라고 생각했던 여성들일수록 두 번째 설문지에서 자신을 전통적이라고 표시하는 경향이 있었다. 3주 전 설문지에서 전통적이라고 대답했던 여성들은 두 번째 조사에서 더 전통적이라고 대답했다.

이 실험에서는 소개되는 남성만 다른 조건의 실험도 똑같이 시행됐다. 이 조건에서 주어진 남성의 정보는 위의 남성과 정반대였다. "나이는 18세. 다른 대학의 1학년. 신장은 162센티미터. 여자 친구 있음. 다른 여학생에게는 관심 없음. 자동차는 소유하지 않았고, 스포츠를 특히 좋아한다고 할 수 없음." 모든 조건이 너무나 매력적이지 않았다. 실험결과를 보면 역시 여학생들은 여성관을 전혀 바꾸지 않았다.

왜 이런 결과가 나타났을까? 여성들에게 신조 따위는 전혀 중요하지 않기 때문에 이런 결과가 나타났을까? 여자의 마음이 갈대라더니 역시 그래서 이런 결과가 나왔을까? 이런 결과가 나오는 것은 여성이 인상조작에 능하기 때문이다.

인상조작이란 상대와 상황에 따라 자기의 인상을 거기에 맞추는 것을 말한다. 조작이란 말이 포함되어 있어 부정적인 뉘앙스를 풍기지만, 학문적 용어로는 중립적인 의미를 가진 단어일 뿐이다. 다시 말해 부정적인 뉘앙스가 전혀 없는 단어이다. 특히 사회심리학에서는 인상조작을 전혀 부정적으로 보지 않으며 인간관계를 위해서 반드시 필요한 기술로 보고 있다. 이것을 제대로 못하는 사람이 오히려 문제가 있다고 본다.

여성들은 앞으로 만나게 될 프린스턴 남학생에 맞추어 자신의 의견을 바꾸었다. 직접 만나서 무슨 이야기를 나누었을지는 아무도 모른다. 실험은 여기까지였으니까 말이다. 남성들이 주의할 점은 지금 내 앞에서 웃고 있는 여성이야말로 인상조작의 달인이라는 것이다. 만만하게 보다간 큰 코 다친다.

연인이나 애인에게 야동을 보다 들켜서, 혹은 컴퓨터에 숨겨놓은 야동 파일이 발각되어서 사람 취급 받지 못한 경험을 해본 남성이 적지 않을 것이다. 성년이 야동 좀 본다고 해서 뭐 그리 큰 문제일까마는 이런 상황에서 보여주는 여성들의 반응은 대개 비슷하다. 사람 취급을 안 한다는 것이다.

물론 여성에 따라 차이는 있다. 못 본 척 해주거나, 남자는 으레 그러려니 하는 여성도 있다. 하지만 "배우자가 있는데 어떻게 이럴 수가 있느냐"며 쇼크를 먹는 여성도 있다. 개인 차이는 있지만 대부분의 여성들은 남성들이 옳은 짓을 하고 있다고는 생각하지 않는다. 대개의 여성들은 야동에 대해 부정적이다. 히스테릭하게 과민반응을 보이는 여성이야 드물지 몰라도 상대 남성에게 계속 보라고 권하는 여성도 없을 것이다. 그렇다면 과연 여성들의 야동에 대한 본심은 어떠할까? 겉으로 드러내듯이 속으로도 질색을 하는 것일까? 남성들처럼 야동에 대해 호기심은 전혀 없을까? 이런 의문을 여성에게 직접 물어보아도 되돌아오는 말은 뻔하다. 관심도 흥미도 없으니 흥분 따위를 할 리가 없다는 것이다. 정말로 그럴까?

　이런 의문에 대해 조사하기는 쉽지 않다. 여성에게 대뜸 "야동 좋아하세요?"라고 물었다가는 성희롱으로 몰릴 가능성도 있다. 하지만 더 어려운 것은 이런 식의 질문에 대해 솔직히 대답을 해 줄 여성은 거의 없다는 것이다. 설사 좋아하는 여성이라도 그것을 처음 보는 사람에게 그대로 말하기는 어렵다. 자신에 대한 평가가 낮아질 우려가 있기 때문이다.

　따라서 이런 주제의 조사는 설문지를 기입한다든지, 일대일 면접을 하는 식의 자기보고 방식으로는 이루어지기가 어렵다. 솔직한 대답을 들을 수가 없기 때문이다. 따라서 다른 방법으로 이루어져야 한다. 즉 자기보고가 아니라 생리적인 반응을 측정하는 방식으로 이루어져야 한다.

생리적 지표를 사용해 이루어졌던 연구들을 통해 알려진 것은 여성의 생리적 반응과 구두의 반응은 전혀 일치하지 않는다는 것이다. 몸이 보여주는 것과 입으로 말하는 것에 너무 큰 차이가 있었다. 다음과 같은 생리심리학자 말로코프Malokov, S.의 연구를 살펴보자.

말로코프의 연구에서는 질내 광전 맥파계라는 거창한 이름의 기구가 사용되었다. 이것은 탐폰과 같은 크기와 모양을 하고 있어 여성들에게 별 위화감이 없는 장치로, 질내에 삽입해 여러 가지 데이터를 수집한다.

여성들은 흥분하게 되면 질압이 높아지고 혈량이 늘어난다는 것은 잘 알려진 사실이다. 따라서 이 기구를 쓰면 본인이 뭐라고 말하든, 흥분했는지의 여부를 측정할 수 있다. 실험에서는 이 도구를 삽입하기 전에 미리 설문지 조사가 이루어졌다. 자신의 성경험, 성에 대한 죄악감, 성행위 시에 흥분 정도 등을 묻는 설문으로 이루어졌다.

설문지 작성이 완료되고 나서 본격적인 실험이 시작되었다. 기구를 삽입한 채 〈클로즈 업〉이라는 포르노 영화를 보게 되었다. 이 영화는 소프트한 내용이 아니라 과격한 하드코어물이었다. 이 영화를 보는 동안 질압과 혈량의 변화가 측정되었다.

영화를 보고 나서 또 다른 설문지가 배부되었다. 설문지에서는 이 영화를 보는 동안 어느 정도 흥분했던가를 물어보고 있었다. 설문지의 결과와 기구에 의한 결과를 비교해보기 위해서였다.

결과는 놀라웠다. 여성들이 설문지로 대답한 것과 기구로 측정된 데이터는 완전히 반대였다. 영화를 보기 전 설문지에서 자신은 야동을 보더라도 별로 흥분하지 않는다고 한 여성일수록 기구로 측정된 데이터는 흥분하고 있다는 것을 보여주었다. 비디오를 보고 난 후의 설문지에서도 별로 흥분하지 않았다고 한 여성일수록 기구로 측정된 데이터는 여성이 흥분했다는 것을 보여주고 있었다. 또한 성에 대한 죄악감이 많은 여성일수록 기구에 의한 데이터는 그들이 더욱 흥분하고 있었다는 것을 보여주었다. 즉 흥분하지 않았다고 말했던 여성도 기구에 의한 데이터에 따르면 정말로 흥분해 있었다. 더구나 "흥분했다", "약간 흥분했다"고 대답한 여성들보다도 이 여성들에서 질압과 혈류의 변화가 더 컸다.

왜 이런 결과가 나타났을까? 답은 여성들의 성에 대한 수치감과 죄악감이다. 설문지 조사에 성에 대한 수치감과 죄악감이 높은 여성일수록 두 종류의 데이터가 불일치했기 때문이다. 이러한 여성일수록 몸과 입은 정반대의 반응을 보여주고 있었다.

물론 이 연구가 여성들도 야동을 좋아한다고 말하는 것은 결코 아니다. 흥분했다는 것만을 말해줄 뿐이다. 흥분이라는 생리적 반응은 여러 이유에서 생긴다. 즐겁거나 분노하거나 무섭거나 놀랐을 때도 흥분을 한다. 따라서 흥분했다는 데이터가 바로 좋아한다는 것을 의미하지는 않는다.

여성도 야동을 보면 흥분을 한다. 하지만 그것이 좋아서 흥분한 것인지 아닌지의 여부는 불투명하다. 죄악감과 수치감이 높은 여성일수록 생리적으로 더 흥분 반응을 보여준 것을 보면 좋아서 흥분한 것은 아닌 듯도 하다. 이런 정도를 이 실험은 말해줄 뿐이니 당장 오늘부터 같이 보자고 부인이나 애인에게 말을 꺼낼 남성들은 없기를 바란다.

요즘이야 세상이 많이 변해서 야동에 대해서도 여성들이 많이 관대해졌지만 그렇지 않은 여성들도 많이 있다. 남성이 야동을 보는 것을 우연히 보고 정신적인 쇼크를 먹는 여성들도 있다. 그리고 이것이 상대 남성에 대한 경멸로 이어지면서 결혼생활이 불행해지는 경우도 있다. 이럴 필요까지는 없다는 것을 위의 실험 결과가 보여주고 있는 것은 아닐까?

# 왜 거짓말이 안 통할까?

참말만 하면서 살 수 있다면 그것보다 좋은 일은 없겠지만 살아가다보면 거짓말을 해야만 할 때가 적지 않다. 관계를 원만하게 유지하거나 한 단계 업그레이드시키기 위해서는 오히려 거짓말이 필요한 경우가 얼마든지 있기 때문이다. 사실 참말을 하거나 진실을 털어놓는 것이 상황을 악화시키는 경우도 적지 않다.

시험에 실패하고 고민하는 조카가 "나는 머리가 나쁜가봐. 아무리 해도 안되네."라고 자탄의 소리를 할 때 차라리 거짓말이라도 "그게 무슨 말이냐. 네 머리 좋은 것은 세상이 다 아는데"라고 한마디 하는 편이 서로를 위해서 백 배 낫다.

빈말이라도 예쁘다고 이야기할 수 없는 여성들에게 자신이 솔직한 사람이랍시고 "넌 너무 못 생겼어"라고 한마디 해봐야 좋을 일 하나도 없다.

남녀관계에서도 거짓말은 빼놓을 수 없다. 부부 사이나 연인 사이에서도 얼마든지 거짓말이 있을 수 있다. 특히 다른 이성과 관련된 부분, 그 이성과 특별한 관계이든 아니든, 그것을 깔끔하게 털어놓기보다는 대충 얼버무린다든지 거짓말을 하는 편이 훨씬 도움이 될 때가 많다. 설사 이성과 단둘이 만났을 때라도, 그것을 고주알미주알 털어놓기보다는 여럿이 만났었다고 이야기하는 편이 훨씬 좋다. 불필요한 오해를 막을 수 있기 때문이기도 하고 쓸데없는 질투심을 부를 필요가 없기 때문이다.

문제는 부부나 연인 사이에서 거짓말은 들통나기 쉽다는 점이다. 특히 남성의 거짓말은 반드시라고 해도 좋을 정도로 발각이 난다. 웬만큼 무디지 않은 여성이라면 남성의 거짓말을 쉽게 알아차리고 대뜸 추궁에 나서기 마련이다. 여성은 어떻게 남성의 거짓말을 쉽게 알아차릴까? 여기에는 여러 가지 이유가 있을

수 있다. 아무래도 여성이 남성보다 다른 사람에게 관심이 많아 작은 변화를 놓치지 않는다는 점도 하나의 이유가 될 수 있다. 평소에 유심히 보다보니 상대가 조금이라도 이상한 행동을 하면 쉽게 알아차린다. 또한 여성이 남성보다 직관이 발달되어 있다는 것도 이유로 들 수 있을 것이다. 사람의 뇌는 좌반구와 우반구의 두 부분으로 이루어져 있다. 이 두 뇌를 연결하는 것이 바로 뇌량이라는 부분인데, 이것이 남성보다는 여성에게 더 발달되어 있다. 이 결과 여성들이 두 뇌를 활발하게 사용할 수 있어 직관이 발달되어 있다고 보기도 한다.

하지만 이것보다 더 중요한 이유는 따로 있다. 그것은 바로 남성의 시선행동이다. 사실 남성의 거짓말이 쉽게 발각나는 것은 여성이 남성의 거짓말을 바로 알아차린다기보다는 오히려 남성 스스로가 지금 내가 거짓말을 하고 있다고 스스로 광고를 하기 때문인 경우가 더 많다. 남성 딴에는 거짓말을 하지 않고 있다고 애써 노력하는 것이 오히려 "나는 거짓말을 하고 있소"라고 자백하고 있는 꼴이라는 이야기다.

시선을 나눈다든지 서로 직시한다든지 시선을 피하는 식의 시선과 관련된 일련의 행동을 사회심리학에서는 시선행동이라고 부른다. 우리는 대화를 하면서 의외로 상대방의 눈을 쳐다보지 않는다. 보통 사람들이 대화를 하면서 상대방에게 눈을 주는 시간은 전체의 61% 정도다. 상대방에 시선을 주더라도 그 사람의 눈을 쳐다보는 시간은 대단히 짧다. 서로의 시선이 마주치는 아이콘택트Eye Contact는 61% 가운데 30% 정도에 지나지 않는다. 전체 대화시간으로 보면 18.3% 정도에 머무를 뿐이다. 게다가 상대를 한 번 쳐다보는 시간은 3초인 데 비해 아이콘택트의 시간은 1초 정도로 대단히 짧다.

시선행동에는 남녀 차이가 있다. 남성은 보통 대화를 들을 때 상대방을 쳐다보고 여성의 경우는 자신이 말을 할 때 상대를 쳐다본다. 남성이 아이콘택트를 시도하는 것은 아무래도 자신이 이야기를 들을 때가 많다는 이야기다. 자기가 말을 할 때는 아이콘택트를 별로 시도하지 않는다. 상대가 어떻게 받아들였는지 파악하는 것보다 우선 자기 말하는 것에 바쁜 게 바로 남성이다. 이러한 시선행동이 거짓말을 할 때 문제가 된다. 평소 가뜩이나 적은 아이콘택트가 거짓말을 할 때는 두드러지게 더 적어진다. 게다가 남성들은 거짓말을 할 때 다른 사람들의 시선을 피하는 경향이 있다. 사람들은 거짓말을 할 때 눈을 잘 맞추지 않는다는 고정관념 때문이다. 물론 이 고정관념이 완전히 잘못된 것만은 아니다. 대개의 남성들에게는 어느 정도 들어맞기 때문이다. 하지만 권모

술수에 강한 마키아벨리 성격의 남성들은 상대의 눈을 직시하면서 태연하게 거짓말을 한다. 더구나 인류의 반을 차지하는 여성들은 거짓말을 할 때 상대방의 눈을 응시한다.

남성들은 이러한 고정관념 때문에 상대의 눈을 빤히 쳐다보면서 거짓말을 한다는 것에는 의식적이든 무의식적이든 거부감이 있다. 그리고 이런 거부감이 거짓말을 할 때 아이콘택트의 횟수와 시간을 대폭 줄인다. 결국 아무리 감추려 해도 어색한 부분이 있을 수밖에 없다. 평소와 다른 점이 너무 눈에 띄기 때문이다. 이렇다보니 남성이 거짓말을 할 때 여성이 뭔가 이상하다는 것을 느끼지 않는다면 그것이 오히려 이상하다. 결국 여성이 대충 넘겨짚으면 넘어갈 수밖에 없다. 넘어갔을 때의 반응도 이상하기 마련이다. 쓸데없이 지나치게 화를 내거나 불필요할 정도로 흥분한다면, 또는 과장되게 말을 얼버무린다면 이것은 100% 거짓말을 하고 있다는 증거가 된다. 결국 남성의 거짓말은 여성이 직관적으로 뛰어나서라기보다는 남성들이 스스로 밝히기 때문이라는 이야기가 된다.

반면 남성은 여성의 거짓말을 쉽게 알아차리지 못한다. 여성은 자기가 말을 할 때 상대방의 눈을 직시한다. 거짓말을 할 때도 다를 바가 없다. 상대 남성의 눈을 응시하면서 거짓말을 한다. 혹시 상대가 거짓말을 하는 것은 아닌가 하는 의구심을 갖고 이야기를 하던 남성일지라도 대화가 진행되어 가면 마음을 바꿀 수밖에 없다. 저렇게 눈을 빤히 쳐다보면서 이야기하는 것을 보니 거짓말일 리가 없다고 지레짐작을 해버리기 때문이다. 더구나 상대방의 제스처나 표정에서 마음을 읽는 해독능력에서 남성이 여성보다 훨씬 떨어진다. 평소와 다른 미묘한 차이를 캐치해내는 능력이 약하다. 이러다보니 상대 여성의 거짓말을 알아차리기 힘들 수밖에 없다.

결국 남성의 경우 부인이나 애인에게 여간해서 자신이 없다면 거짓말을 하지 않는 것이 베스트라는 이야기가 된다. 하지만 살다보면 선의의 거짓말이 반드시 필요할 때가 올 수도 있다. 그럴 때는 반드시 상대의 눈을 응시하면서 거짓말을 하라. 안 걸릴 것이라고 장담은 못하겠지만 걸릴 확률을 훨씬 낮추어줄지도 모른다.

# 삐걱대는 연애, 눈부터 바라보라

남성과 여성의 시선행동 차이가 문제가 되는 것은 거짓말에서만이 아니다. 연애관계가 정식으로 발전해 한 단계 업그레이드시켜야 할 때, 다시 말해 친밀한 관계로 발전시켜야 할 때 문제가 생기는 경우가 적지 않다. 특히 연애경험이 없는 남녀들의 경우가 심각한데, 지금부터 말하는 것 하나만 제대로 명심해두어도 연애관계가 한결 수월해질 것이다.

누구나 누군가와 처음 만나면 되도록 자신의 좋은 모습을 보여주려 노력한다. 거짓된 모습을 보여주는 것이 아니라 자신의 약점을 일부러 드러내지 않는 식으로 자신에 대해 좋은 인상을 갖도록 노력한다. 이런 식으로 다른 사람으로부터 호의적인 평가를 얻어내려고 자신에 대한 긍정적인 정보만을 의도적으로 전달하는 행위를 사회심리학에서는 자기제시라고 부른다.

소개팅이나 맞선을 통해 이성을 소개받았을 때를 생각해보자. 이 자리에서 대뜸 자신의 참모습을 보여줄 사람은 없다. 상대가 마음에 들지 않는다고 그 말을 그대로 입에 담을 사람도 없다. 누구나 조금은 꾸민다. 가능한 한 상대의 마음에 들도록 하기 위해서다. 물론 처음 본 순간부터 상대가 마음에 들지 않는다면 이야기는 달라지겠지만, 적어도 상대에게 일말의 호감이라도 느낀다면 누구나 자기의 좋은 모습을 보여주도록 노력한다. 이렇기 때문에 생전 넣어보지도 않았던 구세군 냄비에 돈도 넣어보고, 지하도 걸인에게 동전도 주곤 한다. 이러한 과정을 통해 서로의 공통점과 유사점을 확인해가면서 서로의 친밀감을 높여가는 것이 보통이다.

문제는 이렇게 스스로의 긍정적인 면만을 보여주는 자기제시만으로는 관계가 업그레이드되지 않는다는 것이다. 다시 말해 한 단계 더 친밀한 관계로 접어들지 못한다. 이러다보면 데이트하고 나서 헤어질 때는 친밀한 느낌으로 헤어졌는데, 다음번에 다시 만나면 왠지 어색하고 둘 사이에 여전히 벽이 놓여 있다는 느낌을 받는다. 그러다 서로 이야기를 나누면 다시 친밀감을 느낀다. 하지만 또다시 만나면 왠지 어색한 느낌을 받는 무한루프에 빠지는 경우가 적지 않다. 결국 연애가 표층적인 수준에서 더 이상 진전되지 못하는 것이다.

왜 이런 일이 벌어질까? 서로가 서로를 마음에 들어 하는 것 같기는 한데 연애관계는 늘 제 자리를 맴도는 것일까? 그것은 자신의 고상하고 멋진 모습만 보여주는 것으로는 절대 친밀한 관계로 발전할 수 없는 것이 남녀관계라는 것을 이해하면 바로 답이 나온다. 남녀관계 뿐만 아니라 일반적인 인간관계에서 자신의 긍정적인 모습만 보여주는 자기제시로는 친밀한 관계로 발전할 수 없다는 철칙이 있다. 누구 앞에서도 자신의 흐트러진 모습을 보여주지 않으려는 완벽한 사람에게 호감은 갈 수 있어도 정은 가지 않는 법이다. 완벽한 사람을 존경할 수는 있지만 좋아하기는 어렵다. 지금 연애중인 사람들이 왠지 관계가 답보상태에 빠져 있는 듯싶으면 이 부분을 의심해보아야 한다. 내가 너무 상대에게 좋은 모습만을 보여주려고 하는 것은 아닌지를, 그리고 이 부분에 문제가 있다면 되도록 남이나 다른 대상이 아니라 자기 자신

에 관한 이야기를 의도적으로라도 많이 하도록 노력해야 한다.

다시 말하지만 남녀관계는 자기제시만으로 친밀한 관계로 진전되지 않는다. 자신의 좋은 모습만을 보여주는 것만으로는 더 발전되지 않는다는 말이다. 반드시 필요한 것이 따로 있다. 자기개시自己開示라는 절차가 반드시 필요하다. 자기개시란 자신의 생각, 느낌, 경험 등을 말을 통해 밝히는 것이다. 이런 까닭에 가슴을 열어보인다는 의미에서 개시라는 이름이 붙여졌다.

친밀한 인간관계는 대개 이것을 통해 시작된다. 자기개시는 앞서 말한 자기제시와는 달리, 자기의 보여주고 싶은 부분만을 보여주고, 보여주고 싶지 않은 부분을 감춤으로써 의도적으로 인상을 조작하는 것은 아니다. 오히려 다른 사람에게 보여주고 싶지 않은 부분을 의도적으로 보여줌으로써 좀 더 친밀한 관계로 진전시켜가는 것이다.

그런데 이 자기개시 과정에서 시선행동이 결정적인 장애가 될 때가 적지 않다. 앞에서도 말했듯이 여성은 자기가 말을 할 때 상대 남성을 응시한다. 반면 남성은 들을 때 상대의 눈을 응시한다. 이것은 남성은 들을 때만 상대를 응시하고 말할 때는 전적으로 딴 곳을 바라본다는 뜻은 아니다. 상대적으로 그렇다는 뜻이다. 남성은 말할 때보다 들을 때 상대의 시선을 응시하는 횟수가 많고 시간도 길다는 의미다. 마찬가지로 여성은 들을 때보다 말할 때 더 자주 그리고 많이 응시한다.

자기개시를 할 때, 다시 말해 상대가 평소라면 입에 담기 어려운 이야기를 아무렇지도 않은 듯이 이야기를 할 때, 이 순간이 관계를 업그레이드시키느냐 마느냐 하는 갈림길이다. 여기서 상대에게 더 많은 자기제시를 하게 만들면 관계는 한 단계 진전된다. 그냥 넘어가면 또다시 만났을 때 이유 없는 어색함을 느끼는 표층적인 연애를 거듭할 수밖에 없다. 따라서 이때는 이야기, 즉 자기제시를 들어주는 상대의 태도가 대단히 중요하다.

하지만 남성이 자기제시를 할 때가 문제가 된다. 서로가 응시를 별로 하지 않기 때문이다. 남성은 말을 들을 때, 여성은 말을 할 때 자주 보기 때문에 일어나는 현상이다. 그 결과 남성의 자기제시는 단발적으로 끝날 수밖에 없다. 따러서 관계를 한 단계 업그레이드시키고 싶다면, 남성은 자기제시를 할 때 여성을 응시하면서 이야기할 필요가 있다. 여성은 남성이 개인적인 이야기를 한다 싶으면 의도적으로 응시를 할 필요가 있다. 이쪽이 자주 응시하면 상대도 덩달아 이쪽을 보게 되기 마련이다. 그렇게 함으로써 되도록 아이콘택트의 시간을 늘린다면 둘 사이에 놓인 것처럼 보였던 벽도 어느 틈에 허물어져 내린 것을 쉽게 발견하게 된다.

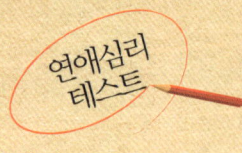

## 내 안의 남성성 vs 여성성
## 나는 어느 쪽일까?

각 항목을 보고 자신이 해당한다고 생각하는 점수를 빈칸에 적어주세요.

| ❶ 전혀 그렇지 않다 | ❷ 그렇지 않다 | ❸ 별로 그렇지 않다 |
| ❹ 약간 그렇다 | ❺ 그렇다 | ❻ 매우 그렇다 |

1  나는 주위로부터 적극적인 사람이라는 소리를 듣는다. ( )
2  나는 아이들을 좋아한다. ( )
3  나는 리더십이 있어 끌려다니는 것을 싫어한다. ( )
4  나는 섬세한 성격의 소유자다. ( )
5  나는 어떠한 일에 대해 명확한 태도를 취하는 편이다. ( )
6  나는 친절한 사람이란 소리를 자주 듣는다. ( )
7  나는 내 주장을 숨기지 않고 표현하는 편이다. ( )
8  나는 늘 주위 사람들에 신경을 쓰는 편이다. ( )
9  나는 생각보다는 행동이 앞선다. ( )
10  늘 순진하고 솔직한 사람으로 있고 싶다. ( )
11  나는 결단력이 있다는 소리를 듣는다. ( )
12  나는 늘 겸손하려고 노력한다. ( )
13  남들이 나를 의지할 수 있는 삶을 살고 싶다. ( )
14  나는 조용한 성격이다. ( )
15  나는 정신력이 강해 웬만한 상황에서는 흔들리지 않는다. ( )
16  내가 생각할 때 나는 여성적인 듯하다. ( )
17  내가 생각할 때 나는 남성적인 듯하다. ( )

18  나의 성격은 전체적으로 밝다.　　　　　　　(　　)
19  남자라면 통솔력이 있어야 한다.　　　　　　(　　)
20  나는 주위 사람들에게 봉사하는 삶을 살고 싶다.　(　　)

 나는 _____ 점이에요.

### 채|점|방|법

'매우 그렇다' 6점부터 '전혀 그렇지 않다' 1점까지 선택한 번호가 바로 점수가 되고 각 항목의 점수를 합한 것이 자신의 점수가 된다. 홀수 문항에 대한 응답의 합계는 남성성 점수가 되고 짝수 문항에 대한 것은 여성성의 점수가 된다. 범위는 10점에서 60점 사이이며, 대학생을 대상으로 했던 조사에서 남자의 경우 남성성은 45점, 여성성은 42점, 여성의 경우는 남성성 45점, 여성성 46점을 기록했다. 이것을 기준으로 자신의 점수를 살펴보면 된다.

### 해|설

남자에게는 남성스러움만 있고, 여성에게는 여성스러움만 있는 것은 아니다. 누구나 양쪽 측면을 모두 갖고 있다. 정도의 차이가 있을 뿐이다. 남자는 아무래도 남성성이 높고 여성은 여성성이 높다. 그렇다고 해서 두 가지 점수 모두가 높은 사람이 비정상적이라는 것은 아니다. 오히려 그 반대다. 두 가지 성격을 모두 가진 사람을 양성구유 성격이라고 해서 오히려 이러한 사람들이 사회적으로 더 잘 적응한다는 것이 알려져 있다.

이런 사람들의 사회적 적응력이 높은 것은 사회가 변했기 때문이다. 전통적인 남성성인 씩씩함이나 늠름함이 장점으로 작용할 수 있는 분야는 제한적이다. 그 대신 전통적으로 여성적이라고 여겨지는 섬세함이나 주위에 대한 배려가 장점으로 작용하는 분야는 대단히 넓어졌다. 이런 까닭에 미국에서는 말과 관련되는 직업은 이미 여성이 장악했다는 말이 나오고 있다. 여성적인 특질이 위력을 발휘할 수 있는 직업이 바로 이것들이기 때문이다. 우리나라도 비슷한 경향을 보이고 있다.

· 2장 ·

## 나와는 너무 다른 당신!

미녀는 고독하다. 접근할 엄두조차 내기 힘든 매력적인 여성일수록 더욱 그렇다. 접근할 엄두조차 내지 못하니 다가오는 남성이 있을 리 만무하다. 남성들이 이런 여성들에게 접근하지 못하는 것은 미모에 기가 질린 탓도 있지만 설마 저런 외모에 사귀는 남성이 없을까 지레짐작하기 때문이기도 하다.

물론 이것은 남성들의 성급한 속단일 뿐이다. 대부분의 남성들

**관심을 끄던가**

이 이런 식으로 속단을 해버리고 접근조차 하지 않기 때문에 뛰어난 미모를 자랑하는 여성일수록 외롭다. 이 사정을 잘 아는 일부의 남성들은 과감하게 대시해 연애를 성공시킴으로써 주위의 부러움을 사기도 한다.

매력적인 여성들이 외로운 데에는 또 다른 이유가 있다. 남녀를 불문하고 뛰어난 미모의 여성들에게는 부탁을 잘 하지 않는다는 것이다. 연애관계뿐 아니라 일반적인 인간관계에서도 부탁을 하고 또 그것을 들어주는 행동은 중요한 의미를 갖는다. 그것을 통해서 서로의 매력도를 높여 보다 더 친밀한 관계로 발전되는 것이 일반적이기 때문이다.

집이 가까운 남녀 사이에 사랑이 싹트기 쉬운 것은 거리가 가까워서 때문만은 아니다. 자주 얼굴을 볼 수 있으니 서로 도움을 주고받을 기회도 그만큼 많기 때문이다. 사랑에 필수적인 도움을 주고받을 수 없다는 것은 매력적인 여성에게는 상대와 친밀해질 수 있는 기회 자체가 봉쇄된 것과 같다.

묘하게도 사람들은 매력적인 여성에게 쉽게 부탁을 하지 못한다. 서로 다른 이유이긴 하지만 이는 남녀 모두에게 공통적이다. 뛰어난 미인에게 사람들이 도와달라는 부탁을 잘못한다는 것은 다음과 같은 실험을 보면 잘 알 수 있다.

실험실에 안내된 남성은 실험자로부터 간단한 설명을 듣는다. 실험의 내용은 녹음된 추리소설을 듣고 범인을 추정하는 단순한 것이라고 했다. 실험은 두 단계로 나뉘어 있었다. 첫 번째는 단독작

업으로 혼자서 힌트를 듣고 추정하는 것이다. 두 번째 단계는 공동작업으로써 첫 단계에서 미진했던 부분을 공동작업자와 의논해 해결하라는 지시를 받았다.

이러한 내용을 전해주고 나서 실험자는 사진을 한 장 내밀었다. 공동작업을 함께 할 여성의 사진이다. 사진을 들여다보니 엄청난 미인이다. 실험에 참가한 남성은 사진 속 여성의 인상에 대해 다양한 평가를 하도록 부탁받았다. 실험에 참가한 남성이 여성의 외모를 어느 정도 높게 평가하고 있는지를 측정하기 위한 절차였다.

바로 실험이 시작되었다. 실험자는 간단한 과제라고 했지만 듣고보니 추리해야 하는 문제는 상당히 까다로웠다. 세세한 묘사를 하면서 아주 빠른 어조로 말을 하기 때문에 알아듣기조차 어려웠다. 듣고 나서 16가지 문제에 대해 대답해야만 했다. 하지만 대개의 실험자들이 확신할 수 있는 대답은 얼마 되지 않아 보였다.

바로 두 번째 단계인 공동작업으로 넘어갔다. 책상 앞에는 사진에서 보았던 매력적인 여성이 앉아 있었다. 실험을 완수하려면 첫 번째 단계에서 잘 몰랐던 부분을 여성에게 물어보면서 범인을 추정해야 했다. 질문은 얼마든지 해도 좋지만 말이 아니라 종이에 기록해서 물어보아야 한다는 것이 조건이었다.

결과를 보면 남성들은 앞에 앉은 여성에게 거의 질문을 하지 않았다. 혼자서 끙끙거리며 해결하려고 노력했다. 설사 질문을 하는 남성들이라고 해도 던진 질문의 수는 몇 개 되지 않았다. 남성들은 왜 질문을 하지 않았을까? 그것은 바로 남성들의 고정관념 때문이다. 현대로 오면서 많이 약해지긴 했지만 남성은 여성을 도와주는 존재지, 여성으로부터 도움을 받는 존재가 아니라는 전통적인 고정관념을 남성들은 갖고 있다. 이러한 고정관념 때문에 자기보다 수입이 더 좋은 여성과의 데이트에서도 남성이 밥값, 술값을 내곤 한다. 집에 돌아와서 억울해하기는 하지만 말이다. 이러한 고정관념은 마주한 여성이 매력적일수록 강해진다.

여기에 자신의 무능함을 보여주고 싶지 않은 남성 특유의 프라이드가 한몫 차지한다. 사실 자신이 모른다는 것을 매력적인 여성에게 드러내고 싶어 하는 남성은 없다. 모른다는 것을 드러내는 것은 자신이 무능하다는 것을 보여준다고 생각하는 남성들이 많기 때문이다. 그 결과가 바로 여성에게 질문을 하지 않는 것으로 나타났다.

묘한 것은 이러한 현상은 마주한 여성이 매력적일 때만 나타난다는 점이다. 실험에서 공동작업자를 외모가 떨어지는 여성으로 바꾸어보았다. 평균 이하의 외모를 가진 여성으로 바꾸었더니 결과는 앞서와 판이했다. 대부분의 남성들이 미주알고주알 캐물으면서 문제를 해결하려고 시도했던 것이다. 아무래도 외모가 떨어지는 여성에게 부탁하는 것이 만만했던 모양이다. 따라서 인터넷 게시판에 올라오는 다음과 같은 상담은 완전히 헛다리를 짚고 있다고 이야기할 수밖에 없다.

"직장여성인데요. 같은 부서에 마음에 드는 세 살 연상의 남자 직원이 있습니다. 그런데 그 직원도 저에게 마음이 있는지 자주 부탁을 합니다. 저는 밉상은 아니지만 예쁘다고는 할 수 없습니다. 같은 부서에 저보다 외모가 뛰어난 미혼여성이 많은데도 저에게만 부탁을 하는 것은 저에게 마음이 있어서라고 받아들여도 좋을까요?"

대개의 여성들이라면 자기를 좋아하기 때문에 도와달라는 부탁을 한다고 착각하기 쉽다. 다른 여성들을 다 제쳐놓고 자신에게만 부탁을 하는 것을 두고 누구나 자신에게 마음이 있다고 착각하지 않는 여성은 없을지도 모르겠다. 하지만 실험에서 보듯이 남성들은 마음에 드는 여성보다는 오히려 만만하게 생각하는 여성들에게 부탁을 자주 하는 경향이 있다. 물론 이런 결과가 이해가 되지 않는 것은 아니다. 하지만 남성들의 이러한 경향이 골치 아픈 것은 위 게시판의 내용처럼 부탁을 들어주는 여성을 착각시 킨다는 점이다.

더 큰 문제는 부탁에서는 대부분의 사람들이 생각하는 것과는 반대로 부탁을 한 쪽보다 오히려 들어준 쪽이 상대에 대한 호의 도를 높이는 경향이 있다는 점이다. 따라서 게시판에 상담 글을 올린 여성의 경우 상대 남성에 대한 호의도는 이미 높아질 대로 높아진 상태일 것이다. 그렇기 때문에 게시판에 글을 올렸을 것 이다. 자신을 좋아하는 듯하기도 하고 자신도 상대를 너무 좋아 하는데, 아무런 시도가 없으니 답답했으리라.

결국 부탁하기 쉽다는 만만함이 상대 여성의 착각과 오해를 부른 셈이다. 사실 이러한 현상은 우리의 일상생활에서도 아주 흔히 벌어진다. 부담이 없어 부탁했을 뿐인데, 상대 여성이 자기를 좋아하고 있다고 착각하는 경우 말이다. 딱한 일이긴 하지만 여성이 이런 착각을 하는 데에는 이와 같은 이유가 있는 것이다.

부탁할 때 여성은 남성과는 정반대의 패턴을 보여준다. 앞의 실험은 여성을 피험자로 해서도 이루어졌다. 똑같은 조건에서 잘 생긴 남성과 그렇지 않은 남성을 공동피험자로 한 것이다. 실험 결과를 보면 여성은 남성과는 정반대였다. 앞에 앉은 공동작업자 남성이 잘 생겼을수록 보다 많이 질문을 하는 경향이 있었다. 용모가 떨어지는 남성은 거들떠보지도 않았다. 별다른 질문을 하지 않고 혼자서 해결하려 노력했다. 이것 역시 여성들이 평소에 품고 있던 '여성은 남성으로부터 도움을 받는 존재'라는 고정관념 때문이다. 이러한 고정관념 역시 앞에 앉은 남성이 매력적일수록 강해진다.

마지막으로 실험은 동성끼리에서도 이루어졌다. 재미있는 것은 여성끼리의 경우 공동작업을 하는 여성이 매력적일수록 질문을 하지 않았다는 점이다. 상대가 매력적일수록 자신의 약점을 드러내지 않겠다는 경계의식이 강해졌기 때문이다. 결국 매력적인 여성은 이성과 동성 양쪽으로부터 아무런 부탁을 받지 못한 신세가 되어버렸다. 뛰어난 미녀가 외로운 데에는 다 이유가 있는 법이다.

요즘 사람들은 "인생 뭐 있나? 지르고 볼 일이지"라는 말을 흔히들 한다. 이 말이 우리의 인생살이에 얼마나 잘 들어맞는지는 모르겠다. 하지만 남녀관계에서는 타당한 구석이 분명히 있다. 또한 이 말은 상대 여성이 매력적일수록 더더욱 잘 들어맞는다. 매력적인 여성을 연모하면서 나 홀로 끙끙 앓고 있는 미혼 남성이라면 우선 지르고 볼 일이다. 생각은 지르고 나서 해도 늦지 않다.

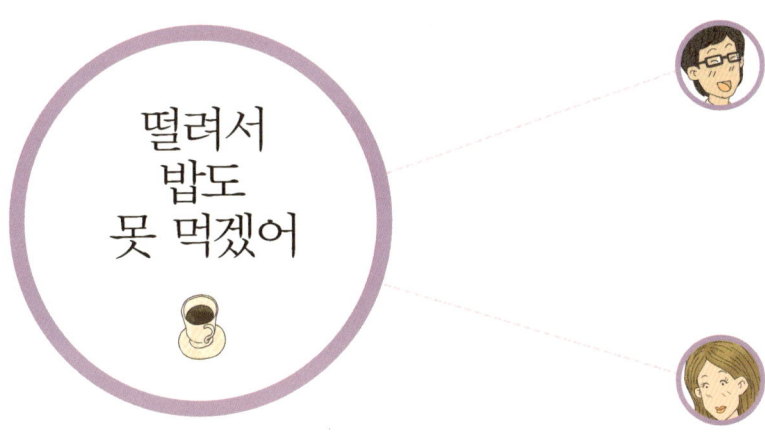

# 떨려서 밥도 못 먹겠어

요즘 아이들에게 남자는 모름지기 씩씩하고 강해야 하고, 여자는 예쁘고 착해야 한다는 식의 말을 대놓고 하는 부모는 없을 것이다. 전통적인 남녀관을 아이들에게 주입시키는 부모가 과연 있겠는가. 물론 학교에서도 이런 식의 남녀관을 강조하지 않는다. 그랬다가는 큰일 난다. 세태가 이러하니 우리들은 전통적인 남녀관으로부터 자유로워야 한다. 하지만 현실은 전혀 그렇지 않다. 일상생활에서 우리들은 이런 식의 남녀관과는 무관하게 살아간다. 하지만 특정한 상황과 마주했을 때에는 이야기가 달라진다. 이러한 남녀관에서 자유롭지 못한 것은 물론, 오히려 스스로 전통적인 성역할관을 강조하는 경향마저 있다.

전통적인 남녀관 중 하나에는 "남자는 많이 먹어야 하지만, 여자는 너무 많이 먹으면 안 된다"는 것이 있다. 친한 사람끼리야 관계없지만, 잘 모르는 사람들과의 자리에서 여성이 많이 먹는 것은 볼썽사납다고 생각하는 사람들이 꽤 있다. 요즘 같은 시대에서 이것은 말도 안 되는 이야기다. 하지만 우리 생각과는 달리 이러한 남녀관은 여전히 유효해 그대로 먹혀 들어갈 때가 많다.

TV 드라마를 보면 바람맞거나 실연 당한 여주인공이 커다란 양푼에 김치를 넣고 밥을 비벼 우악스럽게 먹는 모습이 자주 등장한다. 이러한 장면에서 김치는 젓가락이 아니라 손으로 쭉쭉 찢어 입에 넣고 씩씩하게 씹어대는 것이 보통이다. 외둥이로 자란 남성이나 남자형제들끼리만 자란 남성들이라면 예쁜 여성도 저렇게 와일드하게 먹을 수 있구나 하고 감탄할지도 모르겠다. 덩달아 식욕이 동해 자기도 한 그릇 맛깔나게 비벼 먹을지도 모를 일이다. 하지만 여자형제와 함께 자란 남자들은 여자들도 잘 먹는다는 것을 당연한 일로 여긴다. 여성의 경우 다만 살이 찔까

봐 삼가는 경향이 있을 뿐, 기본적으로 먹는 능력은 남성과 별 차이가 없다고 생각한다.

여성끼리라면 여성들도 잘 먹는다. 하지만 남성 앞에서는 여성들끼리일 때보다는 덜 먹는다. 특히 매력적인 남성 앞에서는 잘 먹지 않는다. 이것은 플리너Pliner, P.와 채이큰Chaiken, S.의 실험을 보면 잘 알 수 있다.

실험의 참가자들은 여자 대학생들이었다. 실험참가자들에게는 '공복감이 과제수행에 미치는 영향'을 살펴보는 것이라고 설명했다. 실험의 본래 목적이 이것과 달랐음은 물론이다. 실험에 참가하는 여대생들에게는 식사를 하지 말고 실험실로 오라고 했다.

실험을 주재하는 사람은 실험실에 찾아온 여대생들에게 토핑을 듬뿍 얹은 고칼로리 크래커를 내놓았다. 크래커라고 하니까 별것 아니라고 생각할지도 모르지만, 토핑 자체의 칼로리가 만만치 않아 다이어트에 신경 쓰는 여성이라면 마음 놓고 먹을 수 있는 먹을거리는 결코 아니었다. 그리고 적당한 만복감을 느낄 때까지 먹어 달라고 부탁했다. 여대생의 앞에는 실험협력자가 앉아 있어, 이 사람은 대화를 나누면서 15개의 크래커를 먹도록 되어 있었다.

실험의 진정한 목적은 앞에 앉은 실험협력자에 따라 실험에 참가한 여대생들의 먹는 양에 차이가 있는지를 알아보는 것이었다. 실험은 대화를 함께 나누는 실험협력자의 성별, 매력도에 따라 매력 있는 여성, 별로 매력이 없는 여성, 매력이 있는 남성, 매력이 별로 없는 남성의 네 조건으로 나뉘었다. 이러한 조건별로 여대생들의 먹는 양에 차이가 있는지를 조사하는 것이 이 실험의 주된 목적이었다.

결과를 보면 여성협력자가 있을 경우, 여대생들은 앞에 앉은 여성의 매력도와 관계없이 비슷한 양의 크래커를 먹었다. 하지만 남성협력자가 있을 경우는 매력도에 따라 먹는 양에 차이가 났다. 상대가 별로 매력이 없는 남성일 경우 여대생들은 평균 12.1개의 크래커를 먹었다. 반면 상대가 매력적인 남성일 경우는 평균 8.8개의 크래커를 먹었을 뿐이었다.

왜 이런 결과가 나타났을까? 먹는다는 것은 공복을 채우기 위한 단순한 행동이 아니다. 특히 여러 사람이 함께 먹는다는 것은 서로의 친교를 높이는 사회적 행동의 하나다. 다른 사회적 행동과 마찬가지로 먹는 행동 역시 자기에 관한 정보를 다른 사람에게 제공한다. 따라서 누구와 함께 먹느냐에 따라 먹는 행동은 달라질 수밖에 없다. 친밀한 사이라면 아무 것이나 마음 놓고 양껏 먹을 수 있지만, 초면이나 친밀하지 않은 사이에서는 무엇을 먹느냐는 물론, 먹는 양에도 신경을 쓸 수밖에 없다.

실험에 참가했던 여대생들의 경우 매력적인 남성 앞에서는 잘 보이고 싶다는 동기가 높아졌다. 이러한 동기는 자연스레 여성스러운 모습을 보여줌으로써 호감을 받고 싶다는 동기로 이어졌다. 그리고 그것이 결국 적게 먹는다는 여성스러운 행동으로 이어졌던 것이다. 전통적인 남녀관에서 "여성은 적게 먹어야 한다"는 것은 "여성은 약해야 한다"는 통념과 마찬가지로 여성다움을 대변하는 전형적인 행동이다. 그 결과 여성은 적게 먹어야 하고, 특히 남성들 앞에서 게걸스레 먹는 행동은 여성답지 않다는 통념이 위력을 발휘한 것이다.

흔히 여성들은 잘생긴 남성 앞에서는 먹지 않아도 배부르다는 소리를 한다. 왜 먹지 않아도 배부른 것일까? 그것은 상대 남성에게 잘 보이고 싶고, 또 좋은 인상을 심어주겠다는 동기가 식욕을 빼앗아 갔기 때문이다. 집에 돌아와서야 음식 남긴 것을 한탄할지 모르지만 만남 당시에는 배가 고프지 않았다. 상대 남성에게 잘 보이고 싶다는 동기는 식욕마저 빼앗아 갈 정도로 강렬한 것이다.

결국 여전히 전통적인 남녀관에서 자유롭지 못하다는 이야기가 된다. 21세기를 꽤 지난 현 시점에서도 여전히 전통적인 성역할관에서 벗어나지 못하는 있는 셈이다.

  이 실험결과를 보고 쓸데없는 고민을 할지도 모를 남성들을 위해 한마디 덧붙인다. 이미 상대의 식욕 정도를 아는 기혼 남성은 해당이 없는 사항이다. 내 앞에서 저렇게 잘 먹는 내 애인은 나에게 전혀 매력을 느끼지 않기 때문이 아닌가라고 실망하는 미혼 남성에게 말한다. 걱정 마시라. 지금까지 말한 실험결과는 어디까지나 여성이 상대 남성에게 잘 보이고 싶을 때의 이야기다. 일단 잘 보였다고 생각하면, 또 상대가 자신에게 애정을 느끼고 있다고 확인하면 여성은 달라진다. 설사 앞에 장동건이나 배용준이 앉아 있어도 잘 먹는다. 따라서 지금 앞에서 저렇게 잘 먹는 여성은 당신의 애정을 충분히 확인하고 있고 또 두 사람의 관계도 제대로 가고 있다는 증거가 되니 오히려 반가워해야 할 일이다.

상대 여성이 지금 자신에게 표시하고 있는 감정이 호의인지 애정인지만 확실하게 구분할 수 있어도 세상 남성들의 고민거리는 확 줄어든다. 지금 내 앞에서 웃고 있는 여성이 나를 좋아해서 저러는 것인지, 아니면 그냥 호의에서 웃고 있을 뿐인지만 분명하게 알아도 쓸데없는 불면의 밤을 보내야만 하는 남성들이 줄어든다는 이야기다. 이런 구분이 어렵다보니, 이렇게 보면 단순한 호의의 표시인 것 같기도 하고 저렇게 보면 애정의 표시인 것 같기도 해 이러지도 저러지도 못하고 있는 남성들이 한둘이 아닐 것이다. 게다가 우리에게는 자기봉사적 착각이라는 강렬한 착각이 있다. 이것은 모든 것을 자기에게 유리한 쪽으로 해석하려는, 우리들 누구나 가지고 있는 심리적 성향이다. 이 착각 때문에 처음에 의례적으로 나한테 잘해주는 것이라 생각하다가도 그러한 호의적 행동이 거듭되다 보면 나를 좋아하는 것이 틀림없다는 착각에 빠지고 만다.

상대의 감정을 확실하게 파악하는 것은 어렵다. 특히 남성이 여성의 감정을 제대로 파악한다는 것은 결코 쉽지 않은 일이다. 특히 요즘같이 여자형제 없이 자라난 남성들이 많은 세태에서 여성의 감정을 읽는다는 것은 난제 중의 난제일지도 모른다. 아예 남중-남고-공대 테크트리를 탄 사람이라면 최악이다. 여자의 감정을 제대로 파악하지 못하고 자기 편한 쪽으로만 해석하려고 한다. 물론 어쩔 수 없는 일이기는 하다. 주위에서 여자를 대해봤어야 여자 마음을 알지 않겠는가. 그런 인연이 아예 없었으니 어쩔 수 없는 일이겠다. 이러다보니 확실한 애정의 표시라고 확신하고 대시했다가 무안한 꼴을 당하기도 한다. 누가 보기에도 분명한 여성의 애정공세를 단순하게 호의로 받아들였다가, 지나고 나서 땅을 치는 일이 생기기도 한다. "설마 나를 좋아할 리가 있 겠어?"라 생각했기 때문이다.

가끔 벌어지는 스토커 사건들의 일부도 이러한 구분을 잘 못하는, 그리고 자기 편의대로 해석하는 남성들 때문에 비롯되는 경우가 종종 있다. 인테리어 공사를 하러 갔는데 여주인이 잘해준다. 이것은 분명히 호의에서 한 행동이다. 그런데 그것을 자기를 좋아한다고 오해해, 스토킹을 거듭하다 쇠고랑을 찬 사건도 있었다. 음식점이나 술집 여주인들의 상업성 호의멘트에 덜컥 해 그 집을 제집 드나들 듯 하는 남성들도 적지 않다.

한마디로 말해 남성들은 여성들이 자신에게 표시하는 호의를 제대로 파악하지 못한다. 대개의 경우 자기만의 생각으로 엉뚱하게 해석해서 받아들일 뿐이다. 게다가 단순한 호의조차 자기에 대한 애정의 표현이라고 생각하는 경향이 있다. 자신에게 표시되는 호의만 제대로 파악하지 못하는 것이 아니다. 다른 남성들에게 표시하는 여성들의 호의도 그것이 무엇을 의미하는지 제대로 모른다. 그 결과 단순한 호의를 애정공세라 지레짐작하기도 하고 분명한 애정표시도 별거 아니라고 생각하곤 한다. 이런 까닭에 주위의 남성들에게 연애 상담을 하는 것은 별로 바람직하지 못하다.

남성들이 여성의 호의를 제대로 파악하지 못하는 경향은 다음의 실험을 보면 잘 알 수 있다. 미국에서 남녀 대학생 2백 명을 대상으로 했던 이 실험에서는 비디오가 사용되었다. 한 여대생이 교수실을 방문해 방안에 홀로 있던 남성 교수에게 리포트 제출기한을 연기해달라고 부탁하는 것이 비디오의 내용이었다. 비디오의 분량은 10분 정도 되었고 대학생들은 이 비디오를 보고 나서 비디오 속 여대생이 어떻게 행동했고 또 어떠한 의도를 갖고 있었는지를 추론해야 했다.

실험결과를 보면 남녀 대학생 모두 비디오 속의 여성이 우호적으로 행동하고 있다는 데에는 의견이 일치했다. 부탁하러 가서 비우호적으로 행동할 사람은 없다는 것을 생각해보면 이것은 너무나 당연한 결과였다. 하지만 그 다음 질문인 '여성이 일부러 섹시하게 행동하고 있었던 것은 아닌가' 라는 것에 대해서는 의견이 극명하게 갈렸다. 여성의 경우 20% 이하가 그렇다고 대답한 반면, 남성의 경우는 절반 이상이 동의했다. 실험에서는 한 걸음 더 나아가 비디오 속의 여대생이 혹시 교수를 유혹하고 있는 것은 아니냐는 질문도 주어졌다. 이 질문에 대해서도 남성의 경우는 거의 절반이 동의했지만 여성의 경우는 10%대에 지나지 않았다. 남성들은 같은 내용을 보았더라도 여성들보다 상황을 훨씬 더 성적인 맥락에서 해석하고 있다는 것을 이 실험의 결과는 보여준다.

실험결과에서 보듯이 남성은 여성이 친밀하게 행동하거나 자신을 보고 웃으면 바로 그것을 성적 관심을 보여주는 것이라고 생각하는 경향이 있다. 다시 말해 자신을 좋아한다고 생각하는 것이다. 특히 단둘이 있을 때 여성이 남성에게 친밀하게 행동하거나 말을 하면, 그 남성이 자신이든 다른 남성이든, 그것을 바로 성적 관심과 연결 짓는다. 이러한 습성은 상대 여성의 감정을 제대로 파악하는 것을 막을 뿐 아니라 쓸데없는 비극을 불러일으키기도 한다. 가령 애인이 일 때문에 남성과 단둘이 있었을 뿐인데도 그것을 오해하는 식이다. 따라서 여성들, 특히 기혼의 여성들은 일 때문이든 접대 때문이든 남성과 단둘이 있었다는 말을 남성에게 일부러 할 필요는 전혀 없다. 바로 성적 뉘앙스로 해석하고 질투심을 불태우는 것이 남성들이기 때문이다.

이렇게 본다면 연애에서 여성은 확실히 우월한 위치에 있다. 그냥 웃어만 주어도 자기를 좋아한다고 착각해주는 남성들이 주위에 널려 있으니 말이다. 그렇다고 해서 아무나 보고 웃다가는 큰일 난다. 특히 파트너가 생기고 나서도 아무 남성에게나 잘해주고 웃음을 흘렸다가는 골치 아픈 일이 생긴다. 남성은 자기에게 웃는 것뿐 아니라 다른 남성들에게 웃는 것을 보고서도 그 사람을 좋아해서 웃는 것이라고 지레짐작하기 때문이다.

　요즘 젊은 여성들 가운데에는 엄연히 애인이 있음에도 불구하고 다른 남성들과 영화를 보러 가거나 함께 술을 마시는 사람들이 많다. 또 그것을 애인에게 태연히 이야기한다. 이런 식의 행동은 바람직하지 않을 뿐 아니라 위험하다. 상대 남성을 쓸데없는 오해와 질투심에 사로잡히도록 만들기 때문이다. 남성들은 이런 상황이 되면 질투심과 옹졸함이라는 두 가지 부정적인 감정에 시달린다. 이것은 상대 남성을 위해 결코 바람직하지 않다. 따라서 여성들의 이런 행동은 피하면 피할수록 좋다.

　여성의 우월한 위치는 결혼하면 상당히 달라진다. 남녀의 지위가 완전히 역전되는 것은 아니지만 여성의 상대적 위치는 연애 때보다는 훨씬 떨어진다. 그때를 생각해서라도 지금은 상대 남성에게 최선을 다할 필요가 있다. 힘 있을 때 베풀어두어야 훗날 돌아오는 것도 있는 법이다.

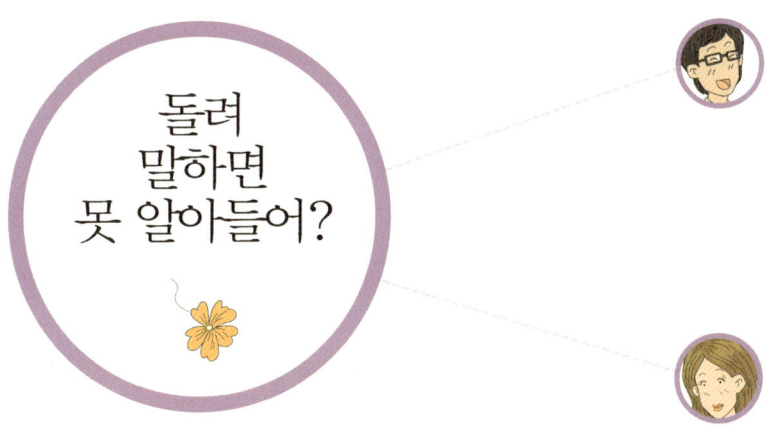

# 돌려 말하면 못 알아들어?

남자들은 돌려 말하는 것을 잘 못 알아듣는다. 특히 가까운 여성들이 돌려 말하면 잘 이해하지 못한다. 얄미워서 던진 말인데도, 아무리 생각해도 별로 좋은 뜻이 아닌데도 자기 좋은 쪽으로 해석하고 희희낙락하기 일쑤다. 반면 별 뜻 없이 말한 것을 심각하게 받아들여 혼자 낙담하곤 한다. 연애경험이 있는 여성들이라면 남자들의 이런 반응과 수없이 마주쳤을지도 모른다. 여성들이 돌려 말하는 것을 남성들이 얼마나 못 알아차리는가는 이별의 과정을 보면 잘 알 수 있다.

연애나 결혼에서 이별이 급작스레 찾아오는 법은 없다. 정식으로 이별이 통보되기 전에, 혹은 한쪽이 일방적으로 연락을 끊고 잠수를 타기 이미 오래전부터 이별을 암시하는 대화나 행동이 이어지는 것이 보통이다. 이별의 통보를 당한 남성에게는 마른하늘에 날벼락이고 아닌 밤중에 홍두깨격일지는 모르겠지만, 이것은 본인만 그렇게 받아들일 뿐이다. 상대방은 나름대로 자신의 의사를 분명히 표시했고, 이미 충분히 알아들었을 만큼 이야기했다고 생각하고 있을 것이기 때문이다.

돌려 말한 것을 못 알아들었던 만큼, 대개의 남성은 이별의 통보를 황당하게 받아들일 수밖에 없다. 따라서 이별을 통보받는 순간 제대로 실감하지 못한다. 그 결과 여성이 농담하고 있다고 생각한다. 속마음은 그렇지 않으면서도 자신을 바꾸려고 괜히 그래보는 것이라고 좋게 해석하기도 한다. 자신이 잘하면 관계는 원래대로 돌아갈 수 있다고 굳게 믿어 의심치 않는다. 하지만 이 모든 생각이 헛되다는 것을 깨닫게 되기까지는 그리 오랜 시간이 걸리지 않는 법이다.

사람이란 본디 듣고 싶은 말만 듣고 기억하는 존재여서 얼마든

지 이럴 수 있다. 하지만 연애관계에서 남성들이 돌려 말하는 것을 못 알아듣는 정도는 심각하다. 한 예로 20·30대 남성들이 자주 드나드는 인터넷 커뮤니티에는 제삼자가 보기엔 분명한 거절의 표현을 어떻게 해석해야 하느냐고 묻는 연애상담 글들로 넘친다. 여초사이트에서 남성들은 돌려 말하면 전혀 못 알아듣는 팔푼이 취급을 받기도 한다.

왜 똑똑한 남성들이 연애관계에서는 말귀도 제대로 못 알아듣는 사람 취급을 받아야 할까? 무엇이 남성들을 말귀도 제대로 알아듣지 못하는 존재로 만들었을까? 여기에는 여러 가지 이유가 있다. 그 가운데에서 가장 큰 이유라면 남성이 비언어적 소통에 약하다는 것을 들 수 있겠다. 특히 남녀 사이의 비언어적 소통에서 더욱 그렇다.

소통에는 언어적 소통과 비언어적 소통이 있다. 우리는 소통에서 비언어적 수단보다는 언어적 수단이 훨씬 더 중요할 것이라고 생각한다. 하지만 이것은 오해다. 소통에서는 비언어적 소통수단이 훨씬 더 중요하고 보다 직접적인 역할을 하고 있다. 특히 상대에 대한 감정을 전달할 때 말과 같은 언어적 채널의 역할은 미미하다. 메라비안Mehrabian, A.이라는 사회심리학자의 연구에 따르면, 호의를 전달할 때 언어적 채널이 담당하는 역할은 7%에 지나지 않는다. 이때 가장 중요한 역할을 하는 것은 표정으로 55% 정도를 담당하고 있다. 그 다음이 말투로 상대 감정의 38%가 이것에 의해 판단된다. 의외의 결과라는 생각이 들지도 모르지만 생각해 보면 고개가 끄덕여질 것이다. 우리는 상대에 대한 감정을 "나는 너를 좋아한다", "나는 너를 싫어한다"라는 식으로 직접 말로 표현하는 경우가 거의 없다. 더구나 위의 조사결과는 미국인을 대상으로 이루어진 것이다. 우리가 보기에 사랑한다는 말을 입에 달고 사는 듯이 보이는 미국 사람들에서도 저 정도 수치가 나왔다. 감정의 표현에 인색한 우리의 소통과정에서 언어적 표현이 차지하는 비중이 얼마나 미미할지는 미루어 짐작하기 어렵지 않다. 거의 전적으로 비언어적 소통이 호의를 전달하는 역할을 하고 있다고 단정지어도 별 무리가 없을 것이다.

　남성들은 전반적으로 비언어적 소통에 약하다. 비언어적 수단을 통해 자신의 뜻을 전달하는 데에도, 상대방의 비언어적 수단이 전달해주는 의미를 파악하는 데에도 약하다. 물론 여성에 비해서다. 비언어적 소통에서도 특히 시선행동의 처리에 취약하다. 남녀관계에서 시선행동의 역할은 아무리 강조해도 지나치지 않다. 특히 상대에게 호감을 전할 때 시선행동의 역할은 절대적이다. 그런데 뭐가 그리 무서운지 남성들은 상대 여성을 제대로 쳐다보지 못한다. 물론 제대로 쳐다보지 못한다는 것이 눈을 마주치지 못하고 병신구실을 한다는 이야기는 절대 아니다. 보기는 본다. 하지만 상대방을 응시하는 횟수 자체가 적을 뿐 아니라 일단 쳐다봐도 그 시간이 너무 짧다. 이래서야 상대방이 전달하는 의미를 제대로 파악하겠는가.

게다가 남성은 표정을 읽는 능력이 여성에 비해 두드러지게 떨어진다. 이것은 미국 펜실베이니아대학교에서 실시되었던 표정 읽기 테스트 결과를 보면 잘 알 수 있다. 이 테스트를 주관하고 있는 기어Gear, R. 박사에 따르면 여성은 빨리, 정확하게 표정을 읽을 수 있지만 남성은 시간이 오래 걸리고 정확도도 떨어진다. 테스트를 할 때 여성들은 화면을 보고 재깍재깍 클릭을 하지만 남성들은 고개를 갸우뚱거리며 망설이는 경우가 많다고 한다. 그나마 낮은 점수에도 대충 찍어 정답이 된 것도 꽤 있다는 이야기다.

게다가 표정을 읽을 때 뇌 활동을 조사해보니, 뇌 전역을 활발하게 움직이는 쪽은 남성이라고 한다. 그에 비해 여성은 제한된 영역을 한정적으로 움직일 뿐이다. 남성이 표정을 읽을 때 고생은 하지만 결과는 신통치 않다는 말이다.

결국 남성은 여성의 얼굴을 잘 쳐다보지도 않지만 얼굴을 뚫어져라 본다고 해도 표정을 잘 읽지 못한다. 여성의 감정을 잘 읽기를 기대하는 것 자체가 무리다. 앞에서도 말했듯이 호의에는 다음과 같은 공식이 성립한다.

호의 = 언어적 표현(0.07) + 표정(0.55) + 말투(0.38)

이 공식 가운데에서 남성이 주로 의존하는 것은 언어적 표현(7%)과 말투(38%)다. 두 가지를 합해봐야 고작 45%에 지나지 않는다. 여기에 돌려 말을 하면, 즉 말의 내용과 말투에 변화를 주면 남성들이 받아들이는 정보량은 뚝 떨어진다. 사정이 이럴진대 돌려 말하면서 남성들이 알아듣기를 기대한다는 것은 무리다.

# 이상형이 예쁜 여자라고?

연애시장에서 여성의 외모는 절대적이다. 다른 조건이 좀 떨어지더라도 예쁜 외모는 그것들을 다 커버할 수 있다. 외모 외에 이런 위력을 가진 조건은 없다. 물론 돈이 엄청나게 많다면 사정이 다를 수도 있겠다.

요즘은 남성들도 영악해서 여성들의 학벌과 직업을 보는 세태가 되긴 했다. 하지만 아무리 그렇다고 해도 여성들이 지닌 외모의 위력이 떨어졌다고 볼 수는 없다. 외모는 여전히 본시험에 나가기 위한 1차 전형의 역할을 톡톡히 하고 있기 때문이다.

연애나 결혼뿐 아니라 일반적인 인간관계에서도 외모의 역할은 대단하다. 얼굴이 예쁘지 않으면 도움을 받기도 어렵다. 사람이란 서로 도움을 주고받으면서 살아가는 존재인데 외모가 빠지면 이런 것에서조차 부당한 대우를 받는다.

여성이 남성에게 길을 물어보는 실험이 있었다. 여성은 매력적인 경우와 그렇지 않은 경우의 두 가지가 있었다. 총 216명을 대상으로 했던 이 실험에서 여성이 매력적일수록 남성들은 더 자세하고 길게 길을 설명해주는 경향이 있었다. 외모가 떨어지는 여성에게는 귀찮다는 듯이 대충 방향만 가르쳐주는 경우가 많았으며, 그냥 지나쳐버리는 경우도 적지 않았다. 남성들은 외모가 떨어지는 여성들과는 말도 하기 싫다는 반응을 보여주었던 것이다.

다른 실험의 경우는 더욱 충격적이다. 스루프Sroufe, R.와 동료들은 180명의 남성들을 대상으로 다음과 같은 실험을 실시했다. 실험대상자들은 공중전화 부스로 들어간다. 들어가면 10센트 동전이 전화기 옆에 놓여 있다. 바로 눈에 띄는 위치에 놓여 있기 때문에 누구라도 쉽게 알아차릴 수 있다. 실험대상자가 전화를 거는 동안 누군가가 전화 부스를 두드린다. 돌아보니 한 여성이 "동전을 놓아둔 것 같은데 못 보셨어요?"라고 묻는다. 여기에서 두 가지 경우로 나뉘었다. 하나는 여성이 아주 매력적인 경우와 전혀 그렇지 않은 경우였다.

실험의 목적은 여성의 매력 수준에 따라 어느 정도의 남성들이 동전을 돌려주는가를 알아보는 것이었다. 실험자들은 여성이 예쁠수록 동전을 돌려주는 남성들이 많을 것이라고 생각했고 결과는 예상 그대로였다.

결과를 보면 예쁜 여성이 문을 두드리며 동전을 놓고 왔다고 이야기할 경우 87%의 남성들이 돈을 돌려주었다. 반면 예쁘지 않은 여성들이 그랬을 경우 동전을 돌려준 남성들은 64%에 지나지 않았다. 여성 외모의 수준이 23%의 차이를 낳았다.

10센트 동전, 우리나라 돈으로 120원 정도에 불과하니 돈 욕심 때문에 돈을 돌려주지는 않았을 것이다. 아무리 궁해도 120원 정도로 양심에 꺼릴 일을 하지는 않을 것이다. 그렇다면 왜 이런 차이가 생겼을까. 여기에 남성들의 본심이 있다. 돈이 탐나서가 아니라 통화를 중단하고 동전을 돌려주는 것이 귀찮은 것이다. 예쁘지 않은 여성들과는 엮이고 싶지 않다는 것, 이것이 남성의 본심이다.

한 실험에서는 여성들의 사진이 사용되었다. 예쁜 여성과 그렇지 않은 여성들의 사진이다. 이러한 사진을 붙인 지원서가 공중전화 부스 안에 놓여졌다. 전화를 하다가 깜빡 잊고 간 듯 보이도록 했다. 실험의 목적은 여성의 외모에 따라 그 지원서가 얼마나 돌아오는가를 알아보는 것이었다. 결과는 누구나 예상할 수 있는 대로 예쁜 여성의 사진이 붙어 있을수록 지원서가 되돌아오는 경우가 많았다.

결국 예쁘지 않으면 도움을 받기도 힘들다는 것을 이 실험결과는 보여준다. 위의 실험에서 10센트 동전을 돌려받는 것은 여성의 당연한 권리일 수도 있는데 이런 것에서조차 차별을 받아야 하는 것이 용모가 떨어지는 여성들이다.

도움 받지 못한다는 것은 여성들에게는 큰 손해가 된다. 앞에서도 말했듯이 도움을 받는 사람보다 도움을 주는 쪽이 상대에 대한 호감도가 올라간다. 자신이 도와주면 상대를 좋아하게 된다는 의미다. 이것이 원천적으로 봉쇄된다. 이성으로부터 호감을 가질 기회가 적어질 수밖에 없다.

아름다운 여성에 대한 남성들의 관심은 거의 본능수준이다. 물론 그렇지 않은 남성도 있을 수 있으나 소수에 지나지 않을 것이다. 특히 요즘과 같은 세상에서는 더 그렇다. 이렇다보니 공식적으로는 외모지상주의를 한탄하는 남성들도 자기들끼리 있을 때는 "여자가 예쁘지 않으면 그게 어디 여잔가"라는 말을 서슴지 않는다. 또한 여성들이 결혼상대로 삼기를 원하는 이른바 '괜찮은 남성'일수록 이런 경향이 강하다.

게다가 여성의 나이에 대한 남성들의 집착도 만만치 않다. 35세가 넘으면 초산이 힘들기 때문에 결혼상대로 삼기 어렵다는 말은 입에 발린 말이다. 여성이 예쁘면 설사 아이를 못 낳는다 하더라도 개의치 않는 것이 남성이다.

초산 운운하는 것은 핑계일 뿐 그냥 나이 들은 여성들이 싫은 것이다. 도둑놈 소리를 듣는 것이 두려워서 그렇지, 어리면 어릴수록 좋아하는 것이 남성이다.

# 없으면 불안, 있으면 불만

남성들은 어장관리의 좋은 먹잇감이 될 수밖에 없다. 여성들의 호의와 애정을 구분 못하기 때문이다. 어장관리란 실제로 사귀지는 않지만 마치 사귈 것처럼 친한 척하면서 자신의 주변 이성들을 동시에 관리하는 태도, 행태를 의미한다. 쥐자니 아쉽고 버리자니 아까운 이성들을 관리하는 영악한 방식이다. 자신이 아직 마음을 정하지 않았을 뿐, 네가 하는 것을 봐서는 정식으로 사귈 수도 있다는 헛된 희망을 주면서 주위 이성들을 관리한다. 상대가 잊을 만할 때, 그리고 제 풀에 지칠 때쯤 되면 어김없이 전화나 문자를 한다. 그러곤 만나서 즐겁게 보내면서 남성에게 사귈지도 모른다는 희망을 준다. 그 후로는 다시 한동안 뜨막하다. 그러다 잊을 때쯤 되면 또 연락이 오고……. 당하는 쪽에서는 이런 희망 고문도 따로 없다.

어장관리를 하는 쪽은 아무래도 여성이다. 남성도 물론 있겠지만 관계에 대한 능력 자체가 여성보다 떨어져서, 어장관리를 할 수 있는 남성은 제한적일 수밖에 없다. 요즘 세태에서 이런 남성들은 상당한 능력자 대접을 받는다.

이런 까닭에 어장관리 때문에 골치를 썩이는 것은 아무래도 남성들이다. 뜨막하다가 잊을 만하면 전화나 문자가 온다. 특히 그 많고 많은 기념일 즈음이 되면 영락없이 연락이 온다. 냉정히 생각해보면 어장관리가 분명한데도 남성은 매몰차게 끊지를 못한다. 행여나 하는 마음에 자기를 진짜로 좋아할지도 모른다는 일말의 가능성에 희망을 건다. 그러다 결국 뒤통수를 맞는다. 돈과 시간도 깨지지만 허탈감과 마음의 상처가 더 심각하다. 어장관리를 잘하는 여성들은 만났을 때 호의인지 애정인지 분간이 잘 안 되는 이야기나 행동을 함으로써 어장관리 당하는 남성을 교란시

킨다. 사실 이것은 교란도 아니다. 호의와 애정을 구분 못하는 남성들이 자멸할 뿐이다.

물론 상대 여성이 진짜 좋아하지만 자신의 사정상 정식으로 교제를 할 수 없는 경우가 있을 것이다. 그래서 훗날을 기다리며 가끔 연락만 유지하는 수도 있을 것이다. 단언하지만 이런 경우는 극히 드물다. 사람이 좋으면 당장 얼굴도 보고 싶고 만나고도 싶은 법이다. 연애가 무슨 도 닦는 것도 아닌데 인고의 세월을 보내야 한다는 것은 말도 되지 않는다. 지리적으로 두 사람이 멀리 떨어졌으면 어쩔 수 없긴 하지만.

때가 되었다고 만나고 자시고 하는 것이 연애가 아니라는 것을 모르는 처지도 아니지만 어장관리를 당하는 남성들은 항상 긍정적이다. 척 보면 알고 한번 당해보면 저절로 아는 것이 어장관리인데 늘상 당한다. 이런 남성들이 딱하긴 한데, 연애에서는 비관적이어도 괜찮은 법이다. 하긴 여자에 너무 궁한 나머지 어장에 갇히기라도 했으면 좋겠다는 남성들도 있다 하니 연애시장에서 남성의 위치가 참 처량하게 되었다.

그렇다면 여성들은 왜 어장관리를 하는 것일까? 여기에는 여러 가지 이유가 있을 수 있지만 먼저 살펴보아야 할 것이 있다. 즉 왜 어장관리를 쉽게 목격할 수 있게 되었는지, 무엇이 어장관리를 이렇게 흔한 현상으로 만들었는지 그 이유를 살펴보는 것이 우선일 것이다. 어떠한 사회구조가 어장관리라는 현상을 낳았는지를 알아보자는 것이다.

이유는 단순하다. 여자가 귀해졌기 때문이다. 연애시장이나 결혼시장에서 남자들이 사귀기를 원하는 예쁘고 조건을 갖춘 여성들만 귀해진 것이 아니다. 여성 자체가 귀해졌다. 이 사실은 통계가 뒷받침해준다. 지금 우리 사회의 성비, 특히 결혼적령기 남녀의 성비는 심각한 수준으로 접어들고 있다. 성비란 같은 종種 안에서 암컷과 수컷 개체 수의 비를 말한다. 간단히 말해 남성과 여성의 비율이다. 한 사회에서 출생아들의 성비는 대개 105이다. 출생 시에는 여아가 100명이라면 남아는 105명이라는 이야기다. 과거에는 남아들의 사망률이 높아 이 아이들이 결혼적령기에 이르면 저절로 성비는 100이 유지되었다. 수적인 면에서는 결혼에 아무런 문제가 없었다는 뜻이다.

하지만 지금은 영양과 위생이 좋아지고 의료기술의 발달로 출생 시의 성비 105가 결혼적령기가 되어도 그대로 유지된다. 현대는 기본적으로 남초사회이다. 따라서 남자가 결혼하기 힘든 구조다. 이것은 1950년 이래 전 세계에 공통적인 현상이었다.

가만 놓아두어도 문제인 성비에 우리 사회는 인위적인 조작을 가했다. 바로 초음파 성별 감별과 인공중절이다. 1970~80년대 극심했던 인위적 조작이 지금 와서 문제가 되고 있다. 남아선호 사상이 극심했던 1980년대에 우리 사회의 성비는 완전히 무너졌다. 너나 할 것 없이 초음파 진단을 받아 여아라면 중절수술을 받았던 결과다. 성비가 너무 심각하게 깨지자 초음파 태아 성별 감별은 불법화될 수밖에 없었다. 이것이 1987년이다. 따라서 1987년 이전 몇 년 사이 출생아 성비의 불균형폭은 너무나 크다. 2011년 현재 만 24세 이전의 세대들이다.

여기까지 읽은 분들 가운데 한 가지 의문이 들지도 모르겠다. 지금의 성비가 깨진 세태가 결혼시장에 들어오기 시작했을 뿐인데, 어장관리는 훨씬 이전부터 시작되지 않았느냐고. 당연한 의문이겠지만 태아 성별 감별이 전성기였던 시대에 태어난 사람들이 결혼시장에 들어온 것이 2010년인 것은 분명하다. 하지만 연애시장에는 이미 들어와 있었다. 연애시장에서는 이미 여성이 귀해져 있었다. 더구나 새로 연애시장에 들어온, 그 무렵에 태어난 여성들은 나이가 어리다. 연애시장에서 여성이 어리다는 것은 상당한 메리트다. 요즘 연상 결혼도 늘어가는 추세이긴 하지만 그래도 남성들은 나이 어린 여성들을 선호한다. 특히 나이가 든 미혼 남성일수록 어린 여성들을 선호하는 경향이 강하다. 그러다보니 결혼적령기를 넘긴 남성들도 이 시장에 눈독을 들인다. 게다가 그런 남성들은 결혼적령기 남성들보다 상대적으로 재력이 있다. 이것을 무기로 이 시장에 진입하려 하니 결혼적령기 남성들로서는 힘들기만 할 따름이다. 가뜩이나 수가 맞지 않아 짝 맞추기 힘든 판에, 적령기를 넘긴 남성들과 경쟁을 해야 하니 피곤하기 짝이 없다.

더구나 요즘은 여성들이 결혼을 잘 안 한다. 모든 조건을 갖춘 듯이 보이는 여성들도 결혼을 하지 않는다. 결혼으로 현재보다 생활수준이 낮아진다면 굳이 결혼할 필요가 없다고 생각한다. 결혼 적령기 남성으로서는 최악의 상황일 수밖에 없다.

이쯤 되면 어장관리가 등장하지 않는 것이 오히려 이상할 정도다, 희소성이 강한 예쁘고 젊은 여성들이 어장관리를 하는 것에는 당연한 면이 있다는 이야기다. 이처럼 귀하신 몸인데 함부로 선택할 수는 없는 법이다. 이러다 보니 연애시장에서 여성은 갑이 되었다. 갑도 보통 갑이 아니다. 울트라수퍼갑이다.

지금 20대 여성들은 자라면서 상당히 희망적인 이야기를 들었을 것이다. 앞으로는 여자가 귀해져서 네 앞에 남자들이 줄을 설 거라고. 그런데 왜 지금 내 앞에는 줄을 서는 남자들이 없을까? 그것은 좋은 남자들의 수에는 이렇다 할 변화가 없기 때문이다.

또한 여성들의 사회적 지위가 높아졌기 때문에 여성들의 마음에 드는 남성들의 수는 오히려 줄어들었을 수 있다. 어찌 보면 일부 여성을 제외하곤 풍요 속의 빈곤을 느끼는 것처럼 보인다. 하지만 남성은 절박하다. 수적으로 너무 불리하기 때문이다. 이러다가는 결혼한 것이 무슨 큰 벼슬을 한 것이 되는 사회가 올 수도 있다.

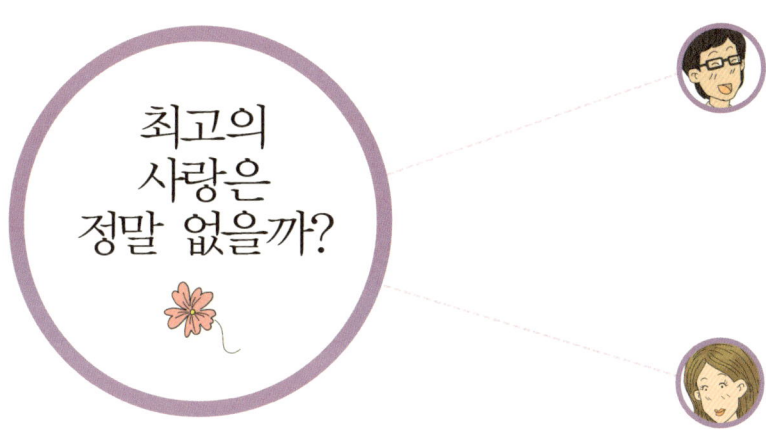

연애시장이 이렇다보니 여성들로서는 급할 것이 하나도 없다. 게다가 주위에는 간택을 기다리는 남성들이 쌓이고 쌓였다. 애매한 말 한마디에 울고 웃는 남성들이 주위에 널렸다. 이런 상황이니 선택을 위한 저울질을 계속하다 최선의 남성을 고르면 된다. 만약 마음에 드는 남성이 나타나지 않는다면 혼자 살아도 좋다고 생각한다.

여성들이 이런 생각을 하기 시작한 것 자체가 남성들에게는 불행이다. 사실 늙어서 혼자 사는 것이 불편한 것은 남성이긴 하나. 혼자 사는 남성들이 일찍 죽는다는 것은 잘 알려진 사실이다. 사실 어장관리를 당해도 할 말이 없는 것이 남성이긴 하다. 어장에 갇힌 것만도 행운이라고 생각해야 할 정도로 아쉬운 것은 남성이기 때문이다.

여성들은 왜 어장관리를 할까? 여기에는 여러 가지 이유가 있다. 정식으로 애인을 삼기에는 상대가 너무 부족하고 아쉬운 이유도 있을 것이다. 그렇다고 아예 연락을 끊자니 혼기를 놓쳐 주위에 남성이 사라진 훗날이 두렵기도 할 것이다. 어장관리를 하는 여성들은 결혼할 생각이 있는 사람들이기 때문에 주위에 남성이라곤 아무도 없는 모습을 상상하기도 싫을 것이다.

전화 한 통화면 자기 지갑이 되어주는 돈 있는 남성을 구태여 끊을 필요가 있겠냐고 생각할지도 모른다. 좋은 오페라나 뮤지컬이 상연되면 전화 한 통으로 무료로 볼 수 있는데 굳이 그것을 마다할 필요가 없을 것이다. 잘만 한다면 일석삼조가 따로 없는 것이 바로 어장관리다. 물론 잘 돌아갈 때의 이야기다. 하지만 세상일에는 밝은 면이 있으면 어두운 구석도 있는 법이다. 항상 좋기만 한 일이란 없다.

어장관리의 좋지 않은 점이라면 이것이 애정을 미끼로 이루어진다는 점이다. 지금은 아니지만 네가 하는 것을 보고 사귈 맘이 생길지도 모른다는 것을 암시하는 것이 바로 어장관리다. 한마디 그럴 듯한 말만 던져줘도 덥석 미끼를 무는 것이 바로 남성들이다. 호의와 애정을 구분 못하고 자기 편한 대로 받아들이는 남성들의 버릇 때문이다. 어장관리는 이런 어리석은 남성들을 속여먹는 사기다. 법적 제재만 받지 않을 뿐 엄연한 사기 행위다. 사기가 따로 있는 것이 아니다. 상대방을 속이면 그것이 사기다.

물론 어장관리를 하는 여성들은 내 마음이 어떻게 변할지 어떻게 아느냐고 강변할지도 모른다. 아침저녁으로 변하는 게 사람 마음인데 지내다보면 그 남성을 좋아하게 될지도 모르는 것 아니냐고 우길 수도 있다. 하지만 그렇게 말하는 여성들이야말로 어장관리하는 남성들과 사귈 마음이 전혀 없다는 것을 스스로가 더 잘 알고 있을 것이다. 지금 여성에게 그 남성은 기준치일 뿐이다. 목표치와는 한참 거리가 있는 기준점일 뿐이다. 아무리 궁하다고 해도 기준치와 결혼할 수는 없는 노릇이다. 결국 어장관리 중인 남성들과는 여간한 경우가 아니면 결혼할 의사가 전혀 없다.

어장관리가 안 좋은 점은 따로 있다. 주위 남성들에게 피해를 끼치는 것은 부차적이다. 더 큰 이유는 어장관리가 여성 스스로에게, 다시 말해 여성의 행복에도 좋지 않은 영향을 끼친다는 점이다. 아무리 어장관리의 달인이라도 언젠가는 마음을 정해야 할 때가 온다. 어장관리를 할 정도면 주위에 남성들이 많을 터이니 마음을 정해야 할 때가 빨리 올지도 모른다. 그때 문제가 생긴다. 상대를 결정하고 나서가 문제가 된다는 이야기다. 우리들 누구에게나 있는 '결정 후 인지부조화'라는 심리적인 현상 때문이다.

　인지부조화란 말을 들어본 사람들은 많을 것이다. 인지부조화란 간단히 말해 마음속에서 두 가지 모순되는 생각이 있으면 불쾌감을 느끼게 되어 어느 쪽 하나를 바꾸게 된다는 현상이다. 가령 지금 상대남성에 대해 "돈은 좀 있는데, 학벌이 딸린다"는 생각을 하고 있다고 치자. "돈이 좀 있다"라는 생각과 "학벌이 딸린다"는 생각은 서로 모순된다. 한쪽은 긍정적이고 다른 한쪽은 부정적이기 때문이다. 이 때문에 마음속에서 불쾌감이 생겨난다. 이러한 불쾌감을 해소시키기 위해서는 어느 한쪽 생각을 바꾸어야 한다. "돈이 대수인가, 있다가도 없는 것이 돈인데"라고 생각을 바꾸면 결과는 남성과 연락을 끊는 것으로 나타날 것이다. 반대로 "학벌이 뭐 대수람. 요즘 세상에 돈이 최고지"라고 생각을 바꾼다면 상대 남성과의 관계는 더 돈독해질 것이다. 이처럼 서로 모순되는 생각이 있으면 어느 한쪽을 바꾸어 마음의 평형을 찾는다는 것이 인지부조화이론이다.

그렇다면 결정 후 인지부조화란 무엇일까? 가령 우리가 무엇인가를 선택해야만 할 때를 생각해보자. 옷이라도 좋고 가전기기라도 좋다. 요즘 유행하는 스마트폰을 선택해야 한다고 가정하자. 스마트폰은 일시불보다는 약정을 끼고 계약하는 일이 많으니 신중히 선택해야 할 일이다. 잘못하면 약정기간 내내 후회하는 일이 벌어질 수도 있으니 말이다. 막상 결정하자면 이게 쉽지가 않다. 모든 면에서 압도적인 제품이 있다면 결정이 쉬운데, 대개의 스마트폰은 장점 하나둘 정도는 다 갖고 있다. 물론 다른 제품과 비교한 단점도 적지 않게 눈에 띄긴 하지만 말이다. 어느 쪽을 택해도 장단점이 다 있다는 이야기다. 천신만고 끝에 결정을 내릴 것이다. 손에 쥐고 난 후가 문제가 된다. 손에 넣은 즉시야 잘 모르겠지만 며칠 지나고 나면 사정이 달라진다. 장점보다는 단점에만 눈이 가기 때문이다. 그 결과 "A제품을 살걸. 2년 동안 이것으로 어떻게 버틴담" 하고 후회하기 마련이다.

남녀관계에서도 다를 바가 전혀 없다. 모든 것이 완벽한 여성이나 남성은 없다. 설사 있다고 하더라도 손에 꼽을 정도다. 사람이라면 누구나 장점도 있겠지만 단점도 있을 수밖에 없다. 최종적으로 상대를 선택한다는 것은 단점보다는 장점을 높게 평가한 결과다. 그러나 일단 결정하고 나서는 이야기가 달라진다. 조금 지나다보면 단점이 훨씬 더 눈에 뜨이기 때문이다. 결국은 포기 반, 타협 반 하면서 살아가는 것이 애인관계이고 부부관계다.

어장관리를 잘하는 여성들은 여기에서 문제가 생길 수밖에 없다. 자, 생각해보자. 어장관리의 대상이 되었던 남성들도 장점 한 둘 정도는 가졌을 것이다. 어장관리의 대상이 되었던 남성들은 미흡한 점도 많았겠지만 장점도 하나 둘 정도는 가졌을 것이다. 장점이 전혀 없다면 어장관리의 대상이 될 수조차 없었을 테니 말이다. 가령 얼굴이 잘 생겼지만 직업이 시원찮든지, 돈이 있지만 키가 작다든지 하는 식이다. 그러다보면 짜증도 생겨나고 불만도 생겨난다. 이러니 일단 결정한 남성과 제대로 사랑이 진전되기가 어렵다. 그렇다고 결정했던 남성을 버리고 다른 어장관리 대상 남성한테 달려가봐야 사정은 전혀 달라지지 않는다. 결국 왔다 갔다 하는 것이 무한히 반복되면서 나이만 먹어갈 뿐이다.

모든 여성들이 어장관리를 하리라고는 생각하지 않는다. 모든 여성들이 어장관리를 한다면 적어도 여성을 만날 기회가 없는 남성들이 없어야 하니 말이다. 모태솔로를 부르짖는 남성들이 그토록 많은 것을 보면 어장관리를 하는 여성들이 일부인 것은 분명하다. 그렇다고 어장관리를 일부의 현상으로 그대로 지나치기도 어렵다. 좋지 않은 모든 현상에서 문제를 일으키는 것은 항상 일부다. 그 일부가 물을 흐리지만 그것이 퍼져나가 결국은 모든 물을 흐린다. 게다가 좋지 않은 것은 전염성이 강하다. 따라서 어장관리란 인간에 대한 예의가 아니라는 점을 명심해둘 필요가 있다.

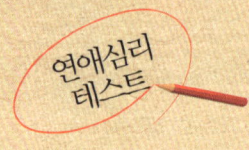

## 주위 사람따라 바뀌는 그는 어떤 타입?

각 항목을 보고 자신이 해당한다고 생각하는 점수를 빈칸에 적어주세요.

| ❶ 전혀 맞지 않다 | ❷ 약간 맞지 않다 | ❸ 그저 그렇다 |
|---|---|---|
| ❹ 약간 맞다 | ❺ 대단히 잘 맞다 | |

1 외출하기 전에는 옷차림에 상당히 신경을 쓴다. (    )
2 사진 찍을 때는 되도록 잘 찍히려고 애쓴다. (    )
3 사람은 제 잘난 맛에 사는 것이라고 생각한다. (    )
4 일부러 튀는 행동을 할 때가 있다. (    )
5 자신의 행동이 그 장소에 맞지 않는 것이 아닌가 하고 걱정이 들 때가 있다. (    )
6 어떻게 하면 내 기분을 상대방에 전달할 수 있을까에 신경 쓰일 때가 있다. (    )
7 사람들을 잘 웃기는 편이다. (    )
8 무슨 일을 할 때는 다른 사람의 눈을 의식한다. (    )
9 나를 상대방에 보여주어야 할 때에는 신경이 쓰인다. (    )
10 모르는 사람들과도 부담없이 이야기를 건넬 수 있다. (    )
11 늘 나의 겉모습에 신경을 쓰고 있다. (    )
12 사람들에게 좋은 인상을 심어줄 수 있도록 신경을 쓴다. (    )
13 여러 사람들 앞에서 말할 때에도 부담감을 안 느낀다. (    )
14 다른 사람이 나를 어떻게 생각하고 있을까가 궁금할 때가 있다. (    )

그는 _____ 점이에요.

### 채점 방법

'대단히 잘 맞다' 5점, '약간 맞다' 4점, '그저 그렇다' 3점, '약간 맞지 않다' 2점, '전혀 맞지 않다' 1점으로 한다. 단 3, 7, 10번은 채점에서 제외한다. 따라서 점수는 11점에서 55점 사이에 분포한다.

### 점수별 유형 해설

**눈치만 빠른 여우형(43점 이상)**

주위에 사람이 있으면 너무 달라지는 타입이다. 이 정도 점수를 기록한 것을 보면 본인 스스로도 그것을 잘 알고 있을 것이다. 그리고 그것이 쉽게 고쳐지지 않는다는 것도 잘 알고 있다. 이러한 경향은 쉽게 고쳐지지 않는 것이니 상대에 대해 솔직하게 이야기를 하고 이해를 구하는 것이 좋은 방법일 것이다.

**있는 듯 없는 듯 카멜레온형(42~35점)**

둘만 있을 때와 주위에 사람이 있을 때 분명 차이가 있다. 하지만 본인은 그것이 상대에게 불쾌한 감정을 줄 수 있다는 것을 의식 못할지도 모른다. 적절한 수준에서 이러한 행동이 이루어지면 앞으로 별 문제가 되지 않겠지만, 너무 빈도가 잦다보면 상대가 의아해할지도 모른다. 43점 이상의 사람들과는 달리 정색을 하고 상대에게 이해를 구할 필요는 없지만, 지나가는 식으로라도 자신의 성격을 이야기해 둘 필요는 있다.

**우직한 곰돌이형(34점 이하)**

주위에 사람이 있다고 해서 달라지는 타입이 아니다. 상대가 불안을 느낄 이유가 전혀 없다는 이야기다. 이런 타입에게는 상대보다는 오히려 주위 사람들이 불쾌감을 느낄지도 모른다. 아무래도 주위에 사람이 있을 때는 약간은 달라질 필요도 있겠다.

· 3장 ·

# 심리를 알면 연애가 즐겁다

# 연애의 생명은 역시 대화

친밀해진 단계에 접어든 연애에서도 대화는 여전히 중요하다. 연애에서 대화보다 더 중요한 것은 아무 것도 없다. 잘 돌아가던 연애도 단 한마디의 말 때문에 파탄이 나는 경우도 전혀 드물지 않다. 덜컹거리던 연애라도 상대의 마음을 사로잡는 단 한마디 덕에 원래의 모습을 되찾는 것도 심심치 않게 목격된다.

섹스를 이미 나눈 커플이라고 하더라도 대화는 여전히 중요하다. 섹스란 것도 대화가 제대로 이루어지고 있을 때 의미가 있지, 그렇지 않을 때에는 그저 그런 역할만 할 뿐이다. 사실 대화가 제대로 이루어지지 않으면 섹스가 제대로 이루어지지 않는다. 이것은 자원봉사자 커플들을 모아 며칠간 그들의 행동 하나하나를 비디오 카메라로 기록했던 미국의 연구에서 입증된 사실이다. 이 연구의 결과에 따르면 일상적으로 충실한 대화를 나누고 있는 커플일수록 섹스도 충실했다. 반면 의례적인 대화만 나누는 커플들의 경우에는 섹스가 아예 이루어지지 않거나 부실했다.

대화가 관계에서 이처럼 중요한 역할을 하는 만큼 만약 지금 연인과의 사이가 잘 돌아가지 않는 듯하면 먼저 자신들의 대화가 제대로 이루어지고 있는지 살펴보아야 한다. 최근에 나눈 대화들을 떠올려 보자. 그리고 다음과 같은 4가지 관점에서 하나하나 살펴보자.

우선 나누고 있는 대화가 어떠한 마음을 기반으로 이루어지고 있는지를 생각해보자. 상대에 대한 선의를 바탕으로 한 대화가 이루어지고 있는지, 반대로 상대를 상처 내기 위한 악의에서 이루어지고 있는지 살펴볼 일이다. 사이가 좋은 커플일수록 상대가 자신에게 호의를 가지고 있다고 확신한다. 또 그런 상태에서 대화가 이루어진다. 그러다보니 대화의 내용도 긍정적인 것으로 가득 차 있다. 반면 사이가 좋지 않은 커플들은 상대가 자신에게 악의를 갖고 있지 않은가 의심한다. 나를 배신하지 않을까 하는 불안 속에서 대화가 이루어진다. 이러다보니 대화의 내용도 부정적인 것 투성이일 수밖에 없다. 따라서 나는 상대를, 또 상대는 나를 완전히 신뢰하고 있는지를 확인해볼 필요가 있다.

두 번째로는 각자의 의견이 엇갈릴 때 자신들이 어떻게 하고 있는지를 따져봐야 한다. 사이가 좋은 커플들은 의견이 엇갈리더라도 그 속에서 타협점을 찾아내 해결을 꾀한다. 반면 사이가 좋지 않은 커플들은 상대를 이겨야 한다는 관점에서 스스로의 주장만 고집한다. 결국 어느 한쪽의 양보가 필요하게 된다. 이런 식의 대화가 계속된다면 어느 한쪽이 계속 양보해야만 하는 처지가 될 수밖에 없다. 양보만 하는 쪽의 마음이 편할 리 없다.

세 번째로는 자신이 상대의 말에서 무엇을 발견하려고 하고 있는지를 살펴봐야 한다. 사이가 좋은 커플은 상대의 말 속에 선의가 담겨 있다고 생각한다. 따라서 자기가 잘되기를 진심으로 바라고 있다고 생각한다. 따라서 자기에게 약간 거슬리는 말이라고 하더라도 자기를 위해 하는 말이라고 생각하여 언짢아하기는커녕 오히려 고맙게 여긴다. 사이가 나쁜 커플은 이와는 정반대다. 상대의 말에는 나를 깎아내리고 결점을 꼬집으려는 악의가 담겨 있다고 생각한다. 그러다보니 늘 자기를 비아냥거리고 있다고 생각한다. 그 결과 좋은 말도 비꼬아서 하는 것이라고 생각한다. 대개 파탄 직전 연인들의 대화가 이렇다.

마지막으로 대화내용의 자기완결성을 따져보아야 한다. 자기완결성이란 말이 좀 어렵지만 간단하게 말하면 대화에서 주제의 끝마무리를 자기만 짓고 있는지 여부를 생각해보라는 뜻이다. 사이 좋은 커플들은 자신이 마무리를 짓지 않고, 자신이 한 말에 대해 상대가 어떻게 생각하는지 의견을 구한다. 이런 식의 대화는 상대를 무시하지 않는다는 인상을 준다. 게다가 대화가 꼬리에 꼬리를 물고 이어진다는 장점이 있다. 반면 사이 나쁜 커플들은 각자 스스로가 마무리를 짓는다. 자기가 말한 내용을 스스로 정리해 그것을 반복할 뿐이다. 이런 식의 대화로는 아무리 사이가 좋은 커플이라도 얼마 못가 관계가 삐걱댈 수밖에 없다. 한마디로 말해 사이가 좋은 커플의 대화는 관계를 윤택하게 하기 위한 것인데, 사이가 나쁜 커플은 관계를 깨기 위한 대화를 거듭하고 있는 셈이다. 사이가 좋았는데 요즘은 왠지 삐걱댄다고 느껴지면, 둘 사이에서 이야기가 잘 진전되지 않는다면 위의 4가지는 반드시 체크해볼 필요가 있다.

이 4가지 어딘가에 문제가 있다고 생각하면 가능한 한 최대로 빠르게 그 부분을 고쳐야 한다. 깨버리고 싶은 연애가 아니라면 서로의 생각을 솔직하게 나누면서 해결해나갈 필요가 있다. 사람이란 타성의 동물이라서 그냥 두면 그런 식으로 흘러가기 마련이다. 대화의 문제는 그대로 두어도 괜찮은 것이 아니다. 연애의 끝은 언제나 사소한 대화에서의 충돌로 비롯된다. 상대의 바람기와 같은 큰 문제들은 시간이 필요할지는 모르지만 쉽게 넘어갈 때가 많다. 큰 문제로 파국을 보는 연애는 생각보다는 적다는 것이다.

　연애에서의 갈등은 대화에서의 사소한 충돌과 거기에서 비롯되는 오해가 원인일 때가 많다. 이러한 사소한 갈등이 결국 자존심 싸움으로 비화되면서 연애가 끝장을 보는 경우가 적지 않다. 특히 자존심이 강한 남녀들 사이에서 이런 식의 파국이 많다.

　사람이란 적응의 동물이라서 연애 초반의 자세를 그대로 유지해나가기 힘들다. 상대가 어느 정도 익숙해지면 연애 초반의 긴장이 풀어진다. 그러다 보면 상대의 오해를 부를 만한 말이 얼마든지 튀어나올 수 있다. 따라서 신경을 거슬리게 하는 말 하나하나를 따지기보다는 그러한 말이 어떠한 맥락에서 나왔는지를 확인해보는 것이 더 중요하다. 이러한 점에서 앞에서 말한 4가지의 관점은 상당히 중요하다.

　연애에서는 상대를 더 알고 싶다는 자세가 굉장히 중요하다. 이 자세를 연애 내내 유지하면서 이 4가지의 관점에서 대화를 따져본다면 실패할 연애를 할 가능성은 대폭 줄어들 것이다.

# 누가 답을 물었냐고!

남자에게 과제지향적 성향이 있다는 것이 가장 잘 나타날 때는 남성이 여성의 고민거리를 들어줄 때다. 여성이 고민거리를 털어놓는다는 것은 상대를 친밀하게 느끼고 있다는 표시가 된다. 친하다고 생각하지 않는 남성에게 고민거리를 털어놓을 여성은 없다. 따라서 남성의 입장에서 이런 기회는 서로의 관계를 한 단계 업그레이드시킬 수 있는 호기다. 만약 상대가 마음속에 두고 있는 여성이라면 더더욱 그렇다. 이미 자신을 어느 정도 친밀하게 여기고 있다는 증거가 될 수 있기 때문이다. 하지만 많은 남성들이 미숙한 대응으로 이처럼 저절로 굴러들어온 호기를 발로 차버리곤 한다.

사회심리학에서는 자신의 약점이나 고민거리에 관해 스스럼없이 이야기를 나눌 수 있는 사이를 친밀한 관계라고 본다. 다시 말해 자신에게 부정적인 정보를 기꺼이 공유할 수 있을 때 두 사람은 비로소 친밀한 관계로 접어들었다고 본다. 누구나 처음 보는 사람 또는 잘 모르는 사람에게는 자신의 약점이나 단점을 보여주는 걸 꺼리는 경향이 있다. 일부러 감추는 건 아닐지라도 되도록 좋지 않은 면을 드러내려고 하지 않는다. 가능한 한 좋은 점만을 보여주면서 자신에 대한 인상을 좋게 하려는 것이 보통이다. 하지만 이런 식으로 인상을 좋게 하는 데에는 한계가 있다. 자기의 좋은 면만 보여주려는 식으로는 두 사람의 관계가 사무적이고 의례적인 관계에 머물 수밖에 없기 때문이다.

남녀관계에서도 마찬가지다. 자신의 약점이나 고민거리를 공유하지 못하는 남녀 사이는 언제까지나 그저 그런 관계로 남아있게 된다. 따라서 서로의 친밀감을 업드레이드시키기 위해서는 약점이나 고민거리를 털어놓는 단계가 필요하다. 이 단계를 슬기롭게 넘겨야 비로소 친밀한 관계로 접어들게 된다. 하지만 이 단계에서 대응이 미숙하면 관계를 업그레이드시키기는커녕 오히려 역효과를 거두기도 한다. 사실 미혼 남성의 상당수가 이 단계에서 다 된 밥에 코를 빠뜨리곤 한다. 대응이 서투른 탓이다. 비단 미혼 남성들에게만 국한된 이야기는 아니다. 친밀한 사이임에 틀림없는 부부사이에서도 남편의 미숙한 대응으로 쓸데없는 부부싸움이 벌어진다.

다음과 같은 경우를 생각해보자. 잘 알고 지내는 여성으로부터 고민을 듣게 되었다. 여기서 여성은 부인이어도, 애인이어도 상관없다. 친하게 지내는 여성이어도 물론 좋다. 이야기를 들어보니 그 여성은 요즘 직장에서 선배 여직원과 마찰이 있는 모양이다. 선배 여직원이 자신을 의도적으로 괴롭히는 것 같아 하루하루가 지옥이라는 것이다.

자, 여기서 당신이라면 어떤 말을 할 수 있을까? 사람에 따라 다르겠지만 할 수 있는 말은 여러 가지가 있을 수 있다. "그 선배는 일부러 괴롭히려고 그러는 것이니까 이런 식으로 대응하라", "그 선배 같은 악질에게는 본때를 보여줘야 한다", "팀을 옮겨달라고 해라"라고 말할 수도 있겠다. 심하면 "회사 옮겨라. 회사가 거기밖에 없느냐"라고 괜히 스스로 흥분해서 한마디 할지도 모른

다. 모두가 해결과 관련된 말들이다. 이런 말들을 들은 여성은 어떠한 반응을 보여줄까? 당신에게 고마워하면서 호의를 품게 될까? 전혀 아닐 것이다. 호의를 품기는커녕 오히려 어처구니없다는 표정을 지을지도 모른다.

여성이 당신에게 고민을 털어놓은 것은 해결책을 구하기 위해서가 결코 아니다. 여성이 바라는 것은 단지 자신이 지금 얼마나 괴롭고 어려운 처지에 있는지를 알아달라는 것이다. 해결책은 나중 문제다. 자신이 얼마나 괴로운 처지에 있고 또 그것을 얼마나 힘들게 이겨내고 있는지를 알아주고, 또 공감해주기를 원하기 때문에 어렵사리 고민을 털어놓은 것이다. 이런 판에 위로의 말이라곤 한마디도 없이 해결책 같지도 않은 해결책만 늘어놓고 있는 남성이 밉게 보이지 않는다면 그것이 오히려 이상하다.

하지만 과제지향적인 사고를 하는 남성의 입장에서는 너무나 당연한 반응이다. 일을 풀자고 고민을 털어놓는 것이지, 해결책도 없는 고민을 털어놓고 또 들어줘봐야 무슨 소용이 있느냐는 것이 남성들의 본심이다. 관계에서 대화를 통해 공감의 폭을 넓혀가고 또 관계를 돈독하게 해간다는 생각이 남성들에게는 아예 없기 때문에 빚어지는 현상이다. 남성들에게 대화란 기본적으로 토의다. 과제를 해결하고 처리하는 과정일 뿐이다. 남성에게는 대화를 통해 친밀한 관계를 유지하거나 증대시킨다는 생각이 없다. 필요한 것은 구체적인 행동이나 목표를 공유하고 또 그것을 해결하는 것이다.

대화에 대해 남녀 간에 이런 차이가 있기 때문에 여성의 고민을 들어주는 경우에는 해결책 비슷한 말은 입에 담지 않는 것이 바람직하다. 남남 간이 아니라 남녀 간의 대화이기 때문이다. "정말 힘들겠다. 하지만 너라면 얼마든지 슬기롭게 잘 넘길 수 있을 것이다. 다 잘될 것이다. 내가 직접적인 힘이 되지는 않겠지만 성원하겠다"는 식의 말을 해주는 것이 정답이다. 해결책 비스무리한 것은 아예 입에 담지 않는 것이 좋다. 물론 "앞으로는 절대로 해결책 비슷한 말을 하지 말아야지" 하고 다짐을 해도 막상 비슷한 상황이 닥치면 그것을 입에 담을지도 모른다. 그만큼 남성들의 과제지향식 사고는 뿌리 깊다. 따라서 여성들의 고민을 들어줄 때는 말을 아끼는 것이 좋다. 말을 아예 하지 않을 수는 없으니 최대한 말을 아낄 필요가 있다. 그 대신에 언어적 소통보다는 비언어적 소통을 최대한 활용하는 것이 바람직하다. 그리고 대화를 들어주겠다는 태도가 무엇보다도 중요하다.

그렇다면 가장 최악의 조언은 어떤 것일까? 그것은 고민을 털어놓는 여성이 문제가 있다는 식으로 이야기하는 것이다. 너에게 문제가 있으니 선배 여사원이 그렇게 나올 수밖에 없다는 뉘앙스를 풍기는 이야기를 하는 것이다. 설사 여성의 처신에 문제가 있는 듯이 보여도 이런 식으로 말을 했다가는 큰일 난다. 당신보고 판단해달라고 이야기하는 것이 결코 아니기 때문이다. 스스로가 솔직한 인간이랍시고 고민을 털어놓는 여성을 나무라고 선배 사원을 두둔하는 식의 말을 했다가는 앞으로 고민을 들어줄 기회는 두 번 다시 없다. 이것은 자신있게 이야기할 수 있다. 기혼 남성이라면 며칠간 밥 얻어먹을 생각을 하지 말아야 할지도 모른다.

　공감과 위로가 필요한 상황에서 남성들은 해결을 먼저 생각하는 경향이 있다. 남성의 과제중심 사고 때문에 어쩔 수 없이 일어나는 현상이다. 하지만 관계중심 사고를 하는 여성에게 이런 해결책 우선의 사고는 별 도움이 되지 않는다. 남성이 여성의 고민을 들어줄 때는 우선 위로를 하고 상대방의 입장에 공감을 하는 자세가 무엇보다도 필요하다. 그리고 나서 굳이 이야기하고 싶다면 해결책을 제시해도 좋다. 이야기를 진심으로 그리고 성의있게 들어주는 것만으로도 고민하는 여성에게는 큰 힘이 되는 법이다.

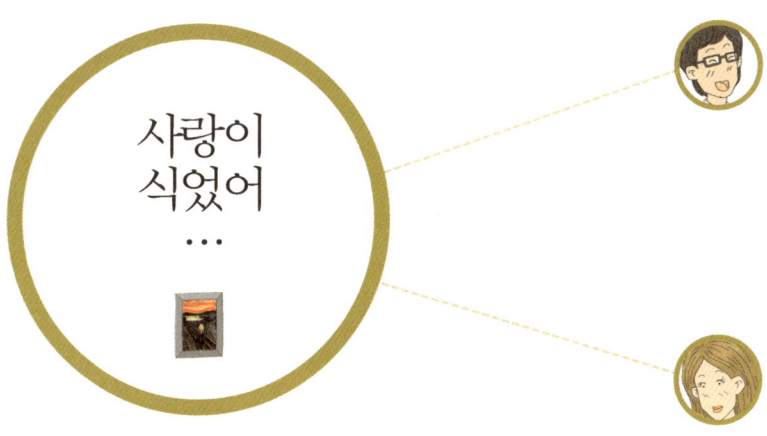

사랑이
식었어
...

남성과 여성 사이에서 빚어지는 상당수의 오해는 남자는 과제지향적이고 여자는 관계지향적이라는 것만 알아도 쉽게 풀린다. 남자는 무엇을 해결하고 마무리 짓는 것을 좋아한다. 함께 모여서 눈에 보이는 무엇인가 구체적인 활동을 하는 것을 좋아한다. 특별한 의사소통이 없더라도 함께하는 것만으로도 관계는 저절로 돈독해진다고 믿기 때문이다.

반면 여성들은 주위 사람들과의 관계를 무엇보다 소중히 한다. 대화를 통해 관계를 돈독하게 하는 것에 관심이 깊다. 대화를 통해 상대에 대한 관심을 표현하고 또 자신에 대한 감정을 확인하고 싶어한다. 물론 이런 식의 표현과 확인 과정은 행동이라기보다는 주로 대화를 통해 이루어진다.

이러한 차이 때문에 남성이 무슨 일을 해결하려고 할 때는 먼저 해결책을 찾는 것에 몰두하지만 여성은 관계를 통해 해결하려는 성향이 있다. 이 점에서 남녀는 분명히 갈린다. 확실한 차이가 있다는 말이다. 그리고 이 차이를 이해하지 못할 때 갈등이 벌어지곤 한다.

남자는 과제지향적이고 여자는 관계지향적이라는 것은 아이들의 놀이를 통해서 형성되고 굳어진다고 보는 연구자들이 많다. 가령 말츠 Maltz, D와 보커 Borker, R.는 남자아이들이 즐기는 축구와 야구 같은 소년의 게임과 여자아이들의 학교놀이, 소꿉놀이, 줄넘기와 같은 소녀의 게임들이 커뮤니케이션의 이해를 서로 다르게 계발한다고 보고 있다.

소년들의 놀이는 대개 상당히 큰 집단을 형성한다. 대부분의 놀이는 경쟁적이고 분명한 목표가 있다. 누가 무엇을 하는지, 어떻게 놀이를 하는지 구체적으로 정해진 규칙이 있고 역할도 조직

화되어 있다. 이처럼 목표, 규칙, 역할이 정해져 있기 때문에 전략적인 점은 이야기할 수 있겠지만, 어떻게 놀이를 할지 논의를 할 필요가 전혀 없다.

반면 소녀들의 놀이는 큰 집단이라기보다는 서로 짝을 지어서 놀거나 작은 집단으로 노는 경향이 있다. 소꿉놀이와 학교놀이 같은 놀이는 분명한 목표나 규칙, 역할이 없다. 소녀들의 놀이는 엄격히 구조화되어 있지 않기 때문에 무엇을 해야 할지, 어떤 역할을 할지를 결정하기 위해 아이들끼리 이야기를 많이 하게 된다. 이렇게 분명한 놀이의 차이가 서로 다른 소통방법, 다시 말해 남자의 경우는 과제지향적인 소통, 여성의 경우는 관계지향적인 소통방법을 계발시켰다고 연구자들은 보고 있다. 그리고 아이 때 계발된 소통방식은 좀 더 세련되고 정교해지면서 성인이 될 때까지 그대로 유지된다고 보고 있다.

성인 남자들은 친구들끼리 만나면 무엇을 할까? 이것이라고 딱 부러지게 단정 짓기는 어렵지만 적어도 한 가지 분명한 것은 특별한 일이 없는 한 친구들끼리 모여 몇 시간 동안 노닥거리는 일은 결코 하지 않는다는 것이다.

남성들은 대화 자체보다는 무엇인가를 하는 것을 좋아한다. 그 무엇인가는 구체적인 목표가 있을수록 집중도가 높다. 과제지향적인 성향 때문이다. 그 결과 모여서 당구를 친다든지, 피시방에 모여 함께 게임을 하는 식으로 과제를 풀어가는 것이다. 따라서 남성에게는 만남 자체가 중요하다. 가령 술을 마실 경우를 생각해보자. 서로의 관계를 돈독하게 만들기 위한 대화 따위는 아예 안중에도 없다. 그냥 마실 뿐이다. 만나서 마신 것으로 이미 충분하다. 만나면 다 됐다. 만남 자체가 관계를 돈독해하기 위한 절차다. 그 이외의 것은 아무것도 필요 없다.

그렇다면 여성의 경우는 어떨까? 여성은 어른이 되어서도 여전히 대화를 중요시한다. 몇 시간 동안의 통화를 끝내면서 자세한 것은 만나서 이야기하자고 서슴지 않게 이야기할 수 있다. 이런 식의 행동은 남성에게는 도저히 있을 수 없고 그런 까닭에 이해하기도 어렵다. 잘 꾸며진 찻집에서 커피를 무한리필하면서 이야기를 나누는 것 역시 다를 바 없다. 이해하라고 하면 못할 것도 없지만 그렇게 행동하라면 절대 못하는 것이 바로 남성들이다.

신혼을 지낸 여성이나 교제기간이 좀 되는 여성들로부터 자주 나오는 뻔한 하소연이 있다. 사랑이 식은 것 같다는 것이다. 사정을 물어보면, 예전에 그렇게 뻔질나게 해대던 연락도 뜸막하고 전에는 자잘한 기념일도 꼬박꼬박 챙겨주던 남성들이 지금은 자신의 생일조차도 그냥 넘겨버리니 보통 일이 아니라는 것이다.

이것은 자신에 대한 사랑이 식었다는 것 이외로는 생각하기 어려우니 뭔가 대책을 세워야 하지 않느냐는 이야기다.

하지만 단언컨대 남자가 변한 것은 절대 아니다. 원래대로, 예전의 모습으로 돌아갔을 뿐이다. 사실 그 동안 여성이 흡족해할 정도로 자상하고 배려있게 행동해온 것은 남성으로서는 최대한 노력을 한 결과다. 자신이 할 수 있는 것 이상을 해온 결과다. 그렇기 때문에 자정 넘어 마중을 와달라고 해도 기꺼이 차를 갖고 나갔고, 친구들과 술을 마시다 취했다고 하면 아무리 피곤해도 달려오곤 했다. 그렇게 아침잠이 많은 사람이 새벽에 만나자고 해도 찍소리 않고 나왔다. 기념일을 잊어먹지 않으며 기록도 해두고 없는 돈에 비싼 선물을 안기기도 했던 것이다. 이것은 절대 그 남성의 본모습이 아니다. 이것은 당장 남성의 친구나 가족에게 물어보면 바로 알 수 있다. 사랑을 얻겠다는 목적 하나로 모든 것을 포기하다시피 하며 살아온 것이다. 하지만 일단 사랑이 이루어지고 또 충분히 친밀해진 상태에서 그런 최선을 계속 유지할 수는 없다. 그러다가는 몸도 정신도 다 상한다. 사람은 늘 최선을 다하면서 살 수는 없다. 어느 시점에 가서는 휴식이 필요하다. 목표가 달성될 때까지는 온 힘을 다하지만 목표가 일단 달성된 후에는 열정과 정성이 그 전보다 훨씬 떨어질 수밖에 없는 것이다. 또 그렇게 되는 것이 당연하다.

과제지향적인 행동은 일반적으로 그 목표가 달성되고 나면 열의는 대폭 떨어진다. 열의가 떨어진 것은 그 목표가 싫어졌기 때문이 아니다. 단지 목표가 달성되었기 때문에 열의가 떨어졌을 뿐이다. 이것은 남성뿐 아니라 여성에게도 해당되는 현상이다. 간절하게 원했던 무엇인가를 손에 넣었던 순간을 생각해보자. 손에 넣기 전에는 얼마나 간절했을까. 하지만 일단 손에 넣고 나면 사정은 달라진다. 손에 넣었다는 안도감 때문에 소중함은 손에 넣기 전보다 절실하지 않은 게 보통이다. 그렇다고 손에 넣은 것이 싫어졌느냐 하면 그런 것도 아니다. 이미 손에 넣었기 때문에 절실함이 덜할 뿐이다.

수능 보기 전에는 수능 끝나면 하고 싶은 일로 넘쳐났다. 이것도 해보고, 저것도 해봐야지 하면서 수능 끝나기를 얼마나 학수고대했던가. 하지만 막상 수능이 끝나면 모든 것이 시들해져서 멍하니 지냈던 경험을 한 사람들이 많을 것이다.

남성이 친해진 여성들에게 소홀히 하는 듯 보이는 것도 이와 마찬가지다. 이미 내 사람이 된 상태에서, 예전에 내 사람을 만들기 위한 열정이 식었을 뿐 사랑에는 전혀 문제가 없다.

이럴 때는 여성들이 슬기롭게 대처할 필요가 있다. 남성의 달라진 모습에 불안을 느껴, 늘 사랑을 확인하려고 하거나 남성을 구속하는 듯한 방향으로 나가면 위험하다. 가령 연락이 뜨막해졌다고 더 자주 문자나 전화를 거듭하면 남성들은 부담감을 느끼기 쉽다. 남성이란 스스로 구속되는 것을 택할망정 강제로 구속되는 것에 질색하는 존재다. 따라서 이런 경우 적어도 당분간은 그대로 두는 것이 낫다. 다음 목표를 위해 충전할 기회를 주는 것이 오히려 바람직하다. 다음 목표를 넌지시 일러주는 것도 좋겠다.

연인 사이에서 문자나 통화 때문에 일어난 갈등만큼 쉽게 볼 수 있는 것도 없다. 그러한 갈등이 심각한 경우도 있겠지만, 대개는 시간이 지나지면 쉽게 잊혀지는 갈등이다. 하지만 인간관계에서 파국의 시작은 참으로 사소한 갈등으로부터 비롯될 때가 많다. 애초에는 아무것도 아니었던 일이 굴러 굴러 관계의 파국으로 끝을 맺는 일이 많다는 이야기다. 그러다보니 서로 조금씩 조심하고 양보했다면 아무 탈 없이 끝날 수 있는 일조차 관계의 파탄을 부르곤 한다. 아무것도 아닌 일이 자존심 싸움으로 비화되어 돌이킬 수 없는 지경에 이르기도 한다.

이런 식으로 사소한 오해가 파국으로 끝을 맺는 것은 아무래도 동성보다는 이성 간의 관계에서 두드러진다. 이 경우 서로의 차이를 이해하기 어렵고 또 상대에 대한 이해 부족으로 사소한 오해가 생겨날 가능성이 높기 때문이다.

남녀 간의 차이는 분명히 존재한다. 특히 소통을 보는 관점에는 남녀 사이에 상당한 차이가 있고 이것이 종종 갈등의 씨앗이 되곤 한다. 관계가 어느 정도 진전된 남성과 여성들 가운데 소통 문제 때문에 골치를 썩혀본 경험이 있는 사람은 적지 않을 것이다. 어디에서 비롯된 것인지는 모르겠지만 상당수의 여성들이 상대가 자신의 행동 하나하나를 다 알 수 있도록 연락을 자주 해주는 것이 기본적이고 필수불가결한 에티켓이라고 오해하고 있다. 또한 자신이 보낸 문자에 대해서는 그것이 아무리 사소한 내용이라도 즉각 회신해주어야 한다고 생각한다. 그러다보니 자신이 보낸 문자를 무시하거나 문자를 나누다 화제를 돌려버리면 문자를 씹었거나 딴말을 했다고 흥분한다.

사실 지나칠 정도로 소통에 집착하는 여성도 적지 않다. 이런

여성들일수록 상대 남성의 일거수일투족을 꿰어 차고 있지 않으면 직성이 풀리지 않는다. 상대 남성의 생활패턴을 전부 꿰뚫고 있다고 생각하니 언제쯤 자신에게 연락이 와야 할지도 다 알고 있다. 그 결과 자신에게 전화나 문자가 올 시간을 혼자 계산해놓고, 그 시간에 연락이 오지 않으면 안절부절 못한다. 가령 상대 남성이 퇴근한다는 문자를 보냈다고 치자. 그러면 자기 마음대로 상대 남성이 집에 도착할 때까지의 시간을 계산하고 그 시간에 연락이 오지 않으면 초조해한다. 그러다 시간이 한참 지나도 연락이 오지 않으면 발끈해 전화를 걸어 불쾌한 소리를 내뱉곤 한다. 한두 번이라면 몰라도 이런 것이 거듭되면 상대 남성이 견뎌낼 재간이 없다. 구속감을 느낄 수밖에 없다. 일단 남성이 구속감을 느끼면 그 관계는 오래가지 못한다. 남성은 기본적으로 자유롭기를 원하는 존재이기 때문이다.

 여성들의 이러한 행동은 남성을 전혀 이해하지 못하는 데에서 비롯되는 것이다. 남성은 여성이 마음에 들어 할 만큼 전화나 문자를 자주 하지 못한다. 연애 초 일시적으로 환심을 사기 위해 과도하게 연락을 했을지는 모르겠으나 그것이 오래갈 수는 없다. 사람이란 늘 최선을 다하면서 살 수 있는 존재가 아니고 또 남자가 소통을 보는 관점은 여성의 그것과는 너무나 다르기 때문이다.

소통에는 도구적 소통과 표출적 소통의 두 가지가 있다. 도구적 소통이란 말 그대로 소통을 도구라고 생각하는 것으로, 소통을 정보 전달을 위한 도구적인 수단으로 이용한다. 약속을 한다거나 중요한 일이 생겼을 때 혹은 부탁할 일이 있을 때 연락하는 방식이다. 과제지향적인 사고를 하는 남성들에게 적절한 소통방법이다. 따라서 남자끼리의 소통에서는 장시간의 통화가 이루어지는 경우는 드물다. 아주 오랜만의 연락이 아닌 한 용건만 말하거나 만날 시간과 장소를 전하고 통화를 끝내는 것이 남성들의 소통방식이다.

반면 표출적 소통이란 소통을 자기를 표현하는 수단으로 생각하는 것이다. 자기의 느낌이나 기분을 상대에게 전달하는 수단으로 소통을 이용하니 용건이 따로 있을 필요가 없다. 느낌이나 기분을 전달하는 데 무슨 이유가 있겠는가. 따라서 여성들의 통화방식을 남자들은 잘 이해하지 못한다. 듣기에는 쓸데기없는 이야기들만 나누면서 호들갑 떠는 것처럼 보이기 때문이다. 한두 시간 정도 남성들이 수다라고 할 수밖에 없는 이야기를 나누다 "자세한 것은 만나서 이야기하자"라면서 전화를 끊는 여성의 모습에 남성들은 기절을 할 수밖에 없다. 그럼 지금까지 나눈 이야기는 무엇이란 말인가. 지금 이야기한 것보다 더 자세한 이야기가 있기는 있다는 말인가.

　과제중심 사고를 하는 남성에게 소통이란 어디까지나 일을 하기 위한 수단이다. 소통이란 일을 이루어가기 위해 필요한 도구라고 보는 것이다. 이러다보니 연애관계에서도 만날 약속을 한다든지, 특별한 이야깃거리가 생겼을 때와 같이 할 말이 있을 때는 주저 없이 연락을 한다. 하지만 그렇지 않은 경우에는 전화나 문자를 보낼 생각을 거의 하지 않는 게 보통이다. "밥 먹었냐", "맛있었냐"라는 것을 물어보기 위해서 연락을 하지 않는다는 말이다. 이렇게 이야기하면 "연애 초반에 그렇게 자주 연락을 했던 것은 무엇이냐"라고 반문할 여성이 있을지 모르겠다. 하지만 그때는 평상 시의 모습이 결코 아니다. 상대가 자신이 할 수 있는 것 이상으로 노력했던 결과일 뿐이다. 그래야만 하는 줄 알고 그랬을 뿐이다. 그것을 계속 기대했다가는 큰 코 다친다.

　반면 관계를 중시하는 여성에게 소통이란 도구 이상의 의미를 지닌다. 소통이란 상대에 대한 관심을 표현하는 수단이라고 생각한다. 어떤 특별한 목적을 위해서가 아니라 상대에 대한 자신의 관심과 기분을 표시하는 것이 소통이라고 생각하는 것이 여성이다. 여성에게 소통이란 일을 해결한다기보다는 친밀함을 유지하고 증대시키는 수단이다. 따라서 별 용건이 없어도 전화나 문자를 하는 데에 스스럼이 없다. 그 결과 소통을 도구라 생각하는 남자의 입장에서 본다면 참 쓸데없는 문자를 보내는 행동도 주저하지 않는다.

이러한 소통에 대한 관점의 차이가 오해를 부른다. 남성의 입장에서 본다면 여성의 문자를 무시하거나 화제를 돌리는 것은 대답할 만한 가치를 느끼지 못해서다. 그런 사소한 것에까지 일일이 대답할 필요가 있겠느냐는 입장이다. 소통을 도구라 생각하는 남성은 문자나 전화를 통한 메시지에는 어떠한 가치가 있어야 한다고 생각한다. 적어도 메시지는 정보로서의 가치를 담고 있어야 한다고 여긴다. 그렇기 때문에 정보가치가 없는 메시지는 소통이라고 생각하지 않는다. 대답해줄 필요가 없는 여성의 독백이라고 여긴다. 그 결과 문자를 무시해버리는 데에 주저함이 없다.

하지만 여성의 입장에서 본다면 이것은 있을 수가 없는 일이다. 소통 자체가 중요하기 때문에 무시되어야 할 메시지는 없다. 자기가 보내는 모든 메시지는 응답을 받아야 할 권리가 있고 또 상대는 회신을 해야 할 의무가 있다고 생각한다. 모든 것이 상대에 대한 애정과 관심의 표현이기 때문이다. 이러다보니 여성이 문자를 보내고 아무리 회신을 기다려도 남성이 침묵으로 일관해 여성이 화를 내는 경우가 드물지 않다. 결국 여성이 대답하라고 채근을 하게 되고 그제서야 마지못해 "응"이란 대답이 돌아온다.

결국 남성이 소통을 보는 관점은 기본적으로 도구적 소통인 데에 비해 여성은 표출적 소통인 데에서 모든 갈등이 비롯된다. 관계가 진전된 남녀가 소통문제로 갈등을 빚는 것은 이러한 관점의 차이일 뿐이다. 이러한 차이만 분명히 이해해두어도 남녀 간의 갈등거리는 확 줄어들지 모른다.

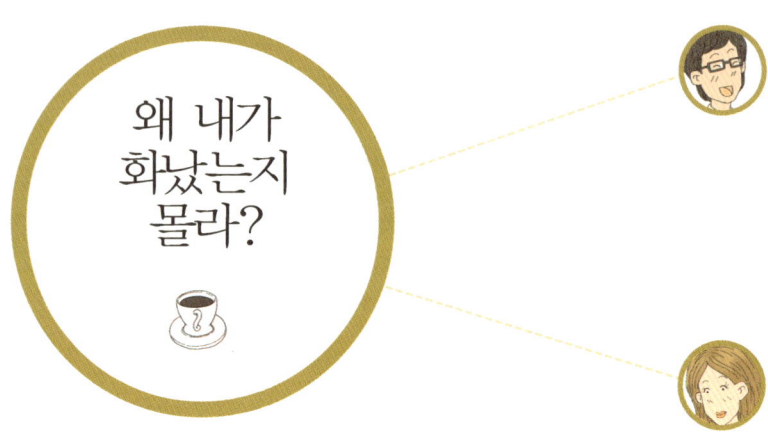

# 왜 내가 화났는지 몰라?

A씨는 오늘 7시에 데이트 약속이 있었다. 약속 장소가 회사 근처라서 6시 40분쯤 나가려는데 팀장이 부른다. 갑자기 위에서 당장 처리해야 할 일이 떨어졌단다. 일 내용을 들어보니 자신이 처리할 수밖에 없는 것이다. 간단한 작업이긴 했지만 이것저것 찾다보면 30분은 훅 지나갈 것 같다. 상대 여성에게 전화를 걸었다. "지금 일이 떨어져 처리해야 하는데 시간이 좀 걸릴 것 같다. 아무래도

30분쯤 늦을 것 같으니, 미안하지만 꼭 기다려달라"고. 여성도 그러라고 흔쾌히 대답해주어 한숨 돌린 A씨는 부랴부랴 일을 서둘러 7시 30분에는 약속 장소에 도착할 수 있었다. "오래 기다렸지? 이 넘의 직장생활이란 게 참. 뭐 먹으러 갈까?"라고 미안한 마음을 표현했는데 여성의 표정이 개운치 않다. 좀 찜찜해서 "너, 내가 늦었다고 화난 거니? 미안하다고 했잖아"라고 한마디 했다가 "오빠는 내가 왜 화났는지 몰라?"라는 말이 기어코 터져 나왔다.

이런 경험을 겪어본 남성들이 꽤 있을 것이다. 지금도 도처에서 일어나고 있는 일이고. 이런 상황이 닥치면 남성들은 누구나 당황한다. 일부러 늦은 것도 아니고 일 때문에 어쩔 수 없이 늦은 것인데, 그리고 미안하다고 몇 번 이야기했거늘, 그것으로 삐진다면, 누가 연애하겠냐라는 심정일 것이다. 그래도 늦은 것은 분명히 자신이고 연애에서 주도권을 쥐고 있는 것은 여성이라는 말도 익히 들은 터라 미안하다는 말을 거듭할 수밖에 없다. 하지만 되돌아오는 말은 "미안하다면 뭐가 미안한데?"라는 더 어려운 난문이니 미치고 팔짝 뛸 일이다.

"오빠는 내가 왜 화났는지 몰라?"라는 말만큼 연애 중인 남성을 괴롭히는 말은 없다. 특히 젊은 남성일수록 이런 말을 듣게 되면 난처해한다. 상대방이 화내는 것을 보니 이쪽이 뭔가 잘못한

남자, 정말 모른다

뭣 때문인지 정말 몰라?

멍

것이 있기는 한 것 같은데, 도통 영문을 모르겠다. 잘못한 것에 대해서는 이미 사과를 했으니 마무리된 듯하다. 분명히 전화에다 자기 입으로 괜찮다고 이야기했으니 말이다. 하지만 심기가 여전히 불편한 걸 보면 뭔가 다른 잘못이 있는 듯도 하다. 어쨌든 궁지는 탈출하고 봐야 하니 "미안하다"는 말이 튀어나오기 마련이지만 되돌아오는 말은 "미안하다면 뭐가 미안한 건데?"라는 가시 돋힌 반문뿐이다. 남성으로서는 봉변도 이런 봉변이 없다. 남자끼리라면 설사 잘못이 있더라도 미안하다고 하면 그냥 넘어가는 법인데 이건 좀 지나친 것은 아닌가 하는 섭섭한 마음마저 든다.

앞에서도 말했듯이 남성은 돌려 이야기하면 모른다. 돌려 이야기하는 것도 못 알아듣는데, 말을 해주지도 않고 알고 있느냐고 물어보는 것만큼 가혹한 것은 없다. 특히 말해주지도 않으면서 자신의 감정을 알고 있느냐고 물어보는 것은 남성들에게는 미스터리일 뿐이다. 남성과 여성 사이에 이런 갈등이 생겨나는 것은 서로 소통 방식이 다르기 때문이다. 각자 중요시하는 것이 다르고 또 소통에 대한 생각 자체가 다르기 때문에 차이가 생겨날 수밖에 없다. 누구의 소통 방식이 좋으냐고 물어보는 것은 우문이다. 누구의 소통방식이 우월하냐고 물어보는 것은 더더욱 우문이다. 다 그렇게 태어났고 또 그렇게 자랐났기 때문에 생겨난 차이이기 때문이다.

그렇다면 소통방식의 어떠한 차이가 이런 갈등을 부를까? 가장 기본적인 이유는 남성들이 말을 아낀다는 데에 있다. 말이란 것이 여성에게는 친밀감을 유지하고 높이는 수단이지만 남성에게는 소통이란 목적이나 과제 해결을 위한 수단에 불과하다. 따라서 사과해야 할 상황이라면 미안하다고 이야기하면 그것으로 끝난 것이다. 친한 남자친구 사이에서는 미안하다는 말조차 안 해도 상대가 이쪽의 미안한 마음을 알아차리고 그냥 넘어가는 법이다. 따라서 미안하다고 누차 이야기했는데도 그걸 갖고 꼬투리를 잡는 것이 이해가 가질 않는다. 여기까지가 남성의 생각이다.

그렇다면 여성은 왜 화가 났을까? 분명히 자기 입으로 늦는 것은 괜찮다고 했으면서 왜 화를 내게 됐을까. 화를 내게 된 기본적인 이유는 커피숍에 들어와서 처신했던 남성의 행동방식 때문이다. 여성의 입장에서 본다면 한마디로 사과하는 말투나 말하는 태도가 전혀 마음에 들지 않았다. 30분이나 늦게 와서 "오래 기다렸지?"라는 한마디로 대충 넘어가려는 남성의 태도가 너무 마음에 들지 않았던 것이다. 사실 여성들도 30분쯤 기다렸다고 그것으로 화를 낼 정도로 속이 좁지는 않다. 늦은 것으로 따지자면 여성 쪽이 큰 소리를 칠 처지가 아니라는 것도 잘 안다. 그럼에도 30분이나 기다리게 만든 것이 마치 아무 일도 아니라는 듯이 은근

슬쩍 넘어가려는 상대 남성의 태도가 괘씸했다. 그냥 넘어갔다가 앞으로 무슨 일이 벌어질지 모르겠다는 우려도 한몫을 했다.

남성은 자리에 앉자마자 사과부터 하고, 그것도 한두 번이 아니라 여러 번 정말 미안하다는 표정을 지으면서 사과했어야 했다. 그러고는 "주위에 다 커플뿐인데 혼자서 기다리느라 얼마나 힘들었겠냐. 정말 힘들었겠다"라고 이야기하고 기다리는 것의 어려움에 공감해주어야 했다. 설사 속으로는 전혀 그렇게 생각하지 않더라도 겉으로는 그렇게 이야기했어야 했다. 여성들은 남성들과 달리 표현을 중요시하기 때문이다. 여성들에게는 남성들끼리의 이심전심의 미소, 염화시중의 미소가 안 통하는 법이다.

여기에 다음번에는 이런 일이 없을 것이고 만약 이런 일이 생기면 훨씬 전에 연락하겠다고 덧붙이면 금상첨화였다. "살다보면 그깟 30분 늦을 수도 있지", "팀장이라는 넘이 10분 전에 일을 넘겨주는데 내가 무슨 용빼는 재주가 있다고 미리미리 연락을 하느냐", "넌 지난번에 한 시간이나 늦었어도 내가 뭐라고 했냐"라는 말들이 목구멍까지 치밀어 올라도 참아야 한다. 이런 식의 말을 하는 것은 물론 비슷한 뉘앙스만 비치더라도 결과는 뻔하다.

대개의 남자는 이런 상황이 닥치면 말을 아낀다. 늦은 것에 대해서 사과하고 대충 얼버무리려고 한다. 일부러 그런 것도 아니고 불가항력인 일이었으니 미안하다고 사과 몇 마디 하면 충분하다고 생각하기 때문이다. 미안하다는 말 이상 더 무엇을 할 수 있느냐라는 생각도 있다. 물론 "너 지난번 한 시간 늦었을 때도 난 잠자코 기다렸다. 그것도 길에서"라는 생각도 있다.

게다가 미안하다면서 늦은 것만 강조하는 것도 별로 좋지 않은 대응이다. 이 말은 잘못 들으면 30분도 못 기다려주는 속 좁은 여성이라는 말과 별 다름이 없다. 자꾸 늦어서 미안하고 어쩔 수 없었다고 말하는 것은 핀트가 어긋나도 한참 어긋난 일이다.

여성이 화를 낸 이유는 더 있다. 잘 생각해보면 비슷한 상황이 있었을지 모른다. 자신의 마음을 충분히 표현하고 이해를 구해야만 하는 상황에서 대충 넘어갔던 적이 분명 있을 것이다. 그것이 이번에 폭발한 것이다.

남자들은 남자들끼리의 방식을 여성에게 그대로 사용해서는 안된다. 남자끼리는 굳이 말로 안 해도 되는 것이 여성에게는 잘 통하지 않는다. 한 번은 모르지만 두세 번은 통용되지 않는다. 미안한 짓을 했거나 상대방을 불편하게 했을지도 모른다는 생각이 들면 자기가 생각할 때 지나치다 싶을 정도로 사과를 하고 미안해하시라. 그러다보면 앞의 예보다 훨씬 난처한 상황도 쉽게 넘어갈 것이고 이후에는 그러한 상황 자체가 닥치지 않을 것이다.

# 선물이면 만사 OK?

요즘 젊은 남성들은 연애하기가 쉽지 않아 보인다. 연애를 시작하기도 어렵겠지만 일단 시작한다 해도 그것을 유지해 나가는 데에 너무 신경 쓸 일이 많아 보이기 때문이다. 100일 기념일, 200일 기념일, 300일 기념일…… 무슨 기념일이 그리 많은지 어처구니없을 정도다. 더구나 기념일이라면 선물을 빼놓을 수 없을 터인데, 그 많은 기념일마다 선물을 하려면 여간한 수입으로는 턱도 없을 듯하다. 더구나 상대 여성이 대놓고 말하지는 않더라도 은근히 고가의 선물을 기대하는 눈치라면 이것이야말로 사람 잡는 일이겠다. 이러다보니 이것저것 신경 쓰기 싫어 독신을 고수하는 남성들이 점점 늘어나는 것 같다.

 남녀관계에서 선물이 차지하는 비중은 대단히 크다. 연애심리에 관한 연구들을 보면 처음 만난 남녀 간의 관계가 한 단계 업그레이드되는 것은 선물을 주고받는 과정을 통해서였다. 연애관계에서 선물이란 상대방에 호의를 전달하는 소중한 의식의 의미를 갖기 때문이다. 선물은 이처럼 중요한 의미를 갖지만 때로는 갈등의 씨앗이 되기도 한다. 선물이 갈등을 일으키게 되는 데에는 남녀 간의 선물에 대한 인식 차이가 원인일 경우가 많다.

 선물을 두 사람의 관계에서 소중한 의식으로 보는 정도에는 남녀 차이가 있다. 남성보다는 여성이 선물을 주고받는 행위를 두 사람만의 독점적인 의식으로 여기는 경향이 강하다. 따라서 여성이 교제를 막 시작한 남성에게 첫 선물을 준다는 것은 본격적인 교제를 시작하고 싶다는 신호가 된다. 또한 교제가 계속되면서 남성에게 주는 선물도 자신의 상대방에 대한 호의를 전달하는 수단이자 의식이다. 그 결과 여성은 선물을 주고받는 것을 두 사람 사이에서만 통하는 배타적이고 독점적인 행위로 받아들이려고 한다.

하지만 남성의 경우에는 선물을 주고받는 것을 소중한 의식으로 생각하지 않는다. 설사 그렇게 생각하더라도 그 정도가 대단히 약하다. 특히 연애경험이 없고 선물에 별 관심이 없는 남성일수록 연애관계에서 선물이 갖는 의미를 잘 모른다. 그리고 이것이 갈등의 씨앗이 되는 경우가 많다.

여성의 경우는 상대가 다른 여성에게 선물을 하는 것을 용납하지 못한다. 일본의 한 연구를 보면 자신의 애인이 다른 여성과 식사를 하거나 술을 마시는 것은 받아들일 수 있지만 다른 여성에게 선물을 하는 것은 참을 수 없다는 여성들이 많았다. 이와 반대로 남성들은 다른 남성에게 선물을 하는 것보다는 오히려 다른 남성과 차를 마신다든지 술을 마시는 것을 불쾌하게 여기고 있었다. 선물에 대한 의미부여에 남녀 간에 차이가 있는 것이다.

선물에 대한 남녀 간의 인식 차이는 이것만이 아니다. 어찌 보면 더 중요한 차이가 따로 있다. 그것은 남성은 선물을 금액이 높을수록 좋은 것이라고 생각하는 반면, 여성의 경우는 금액이 아니라 횟수가 더 중요하다고 생각하는 경향이 있다는 점이다. 물론 여성도 값비싼 선물을 받는 것이나 호화스러운 레스토랑에서의 식사를 마다하지는 않는다. 고가의 선물을 받으면 흐뭇해하는 것은 여성이라고 다를 바 없다. 하지만 여성에게는 이것이 전부가 아니다. 일 년에 단 한 번 주는 고가의 선물보다는 비싸지 않더라도 작은 선물을 자주 받는 것을 여성은 더 좋아한다.

여성의 이러한 면을 남성은 잘 이해하지 못한다. 남성은 사소한 선물을 하는 것에 주저한다. 이런 작은 것을 선물해서 상대가 자기를 무시한다고 여기지 않을까 우려해서다. 특히 선물을 해본 적이 별로 없는 남성일수록 이렇게 생각한다. 물론 이것은 오해이자 착각이다.

또한 남성은 크게 선물을 하면 그것으로 됐다고 생각한다. 선물의 금액이 크면 자기의 마음을 충분히 표시했다고 생각하는 것이다. 100만 원짜리를 선물하면 10만 원짜리 열 번보다 훨씬 낫다고 생각한다. 그러다보니 웬만한 사람이라면 선물이래 봐야 일 년에 한두 번 하면 그만이다. 그러면서도 자기는 충분히 할 만큼 했다고 생각한다. 물론 단 한 번조차도 안 하는 남성이 태반이긴 하다. 하지만 횟수를 더 중요시하는 여성들의 입장에서는 상대방은 자기에게 일 년에 한 번 마음을 써준 것에 불과하다.

선물을 잘 못하는 남성은 결혼을 하고 나서도 골치 아플 경우가 많다. 특히 큰마음 먹고 부인에게 선물을 했다가 예상 외의 반응과 마주치고 당황할 때가 있다. 비교적 고가의 선물을 했다가 고맙다는 소리는커녕 어디서 바가지 쓰고 온 것 아니냐는 핀잔을 듣고 나면 앞으로 선물하겠다는 생각이 두 번 다시 들지 않을 것이다.

고가의 선물만이 좋은 선물인 것은 결코 아니다. 고가의 선물은 상대에게 구속감을 주기 때문에 오히려 좋지 않은 선물이다. 금액의 다과를 떠나 상대가 자신에게 마음을 써주었다고 느낄 수 있다면 그것이 바로 좋은 선물이다. 상대에 대한 관심이 없이 이런 선물을 고르기는 어렵다. 상대에 대한 관심과 배려가 바탕이 된 선물이라면 남녀 간의 선물에 대한 인식 차이는 별 문젯거리도 아닐 것이다.

# 남들과 비교하는 순간!

사회심리학자인 에크맨Eckman, P.에 따르면 사람에게는 '분노, 혐오, 두려움, 기쁨, 슬픔, 놀람'이라는 여섯 개의 기본적인 감정이 있다. 이 여섯 개의 감정들이 서로 엮여 보다 복잡한 감정들을 만들어낸다. 이런 감정들이 만들어낼 수 있는 최악이 바로 질투심이다. 질투심이란 슬픔, 공포, 의심, 불안, 고독 등 부정적인 감정의 덩어리라고 할 수 있다. 가히 사람이 겪을 수 있는 부정적인 감정의 총체인 것이다. 질투심이란 것이 부정적인 감정이긴 하지만 우리에게는 전혀 낯설지 않다. 어떤 면에서는 친숙하기까지 하다. 인간관계에서 빼놓을 수 없는 감정이기 때문이다. 질투심은 우리 누구나가 느껴본 감정이기도 하다. 드라마나 영화를 통해 지겨울 정도로 간접경험도 해본 감정이다. 심리학의 연구에 따르면 사람은 대개 5세 무렵부터 질투심을 느끼기 시작한다니 우리들 자신에게 있어 질투심의 역사도 만만치 않은 셈이다.

질투심은 분별력을 잃게 만든다. 그 결과 질투심에 휩싸인 사람들은 평소라면 도저히 생각조차 할 수 없는 터무니없는 행동을 벌인다. 질투심이 도를 넘으면 범법행위를 저지르는 것도 서슴지 않는다. 전 세계에서 남성들이 저지르는 살인사건의 20%는 질투심 때문이라는 통계가 있을 정도로 질투심은 괴멸적이다.

평범한 사람들만이 질투심의 노예기 되는 것은 아니다. 질투심은 지적·육체적으로 거의 완벽하다고 여겨지는 우주비행사 같은 사람들조차 파멸시킨다. 모든 면에서 뛰어난 여성 우주비행사였던 리자 노왁 해군대령의 경우가 대표적이다. 해군사관학교를 수석으로 졸업했던 리자 노왁은 1996년 정식으로 우주비행사가 된다. 2006년 7월에는 로봇의 팔을 조작하는 전문가로서 우주왕복선 디스커버리호에 승선, 13일간 우주에 체재하기도 했다.

2007년 미국인들 사이에서 연예인급 인기를 자랑하던 리사 노웍을 질투심이 덮친다. 그녀는 자신의 집으로부터 1,500km나 떨어진 플로리다의 한 주차장에서 체포되었다. 죄목은 콜린 쉽맨이라는 여성 공군대위에 대한 살인미수 혐의였다. 노웍은 삼남매의 어머니였지만 남편과는 별거상태였다. 그녀에게는 불륜상대가 있었다. 디스커버리호에 함께 승선했던 윌리엄 오페린 중령이 바로 그 상대였다. 노웍은 오페린과 쉽맨의 사이를 의심했다. 그녀는 강렬한 질투심에 사로잡혔다. 결국 공기총, 나이프, 쇠망치, 고무튜브 등으로 중무장한 채 범행에 나섰다. 운전하는 동안 화장실에 들르는 시간을 아끼려 우주비행사용 기저귀까지 차고 있었다니 그녀가 어느 정도의 질투심을 느끼고 있었는지 상상하기는 어렵지 않다. 피해자인 쉽맨은 노웍이 범행 2개월 전부터 자신을 스토킹하고 있었다고 증언하기도 했다.

질투심은 여성들의 전유물만은 아니다. 질투심을 여성의 전유물로 느끼는 것은 소설과 영화가 심어준 착각에 지나지 않는다. 남성도 여성만큼 질투심을 느낀다. 질투심을 느끼는 것은 남녀 모두 동일하나 그것을 느끼게 되는 이유나 처리방식에서는 남녀 차이가 존재한다. 애인이나 배우자와 같은 파트너에 대해 느끼는 질투심과 관련해서는 차이가 더욱 분명해진다.

다음과 같은 상황을 생각해보자. 배우자가 초등학교 동창회에 다녀왔다. 거기서 오래간만에 초등학교 시절 친하게 지냈던 이성친구를 만났다. 희희낙락하는 것을 보니 꽤나 흡족한 모양이다. 둔한 사람이라면 그냥 지나칠지도 모르겠다. 하지만 민감한 사람이라면 마음속 한편이 불편해지는 것이 당연하다. 하지만 대개 이 정도라면 질투심이 고개를 내밀지는 않는다. 이런 소릴 들으면 누구나 "그 사람 지금 뭐한대?"라고 한마디 정도는 건네기 마련이다. 여기에 대한 대답이 대단히 중요하다. 대답 여하에 따라 상대방을 얼마든지 자극할 수 있기 때문이다.

남성이라면 "걔 되게 예뻐졌던데. 어릴 때는 그저 그랬는데", 여성의 경우라면 "걔 되게 출세한 모양이던데. 어릴 때는 공부가 별로 시원찮았는데"라는 대답이 최악이다. 이런 대답을 듣고 질투심을 느끼지 않을 남녀는 없기 때문이다.

질투심이란 파트너를 다른 사람에게 빼앗길지도 모른다는 공포감과 또 그것으로부터 파생되는 시기심의 발로다. 만약 라이벌이 자기보다 못하다면 "빼앗길 염려는 없겠다"고 안심한다. 그 결과 다소의 불편한 감정은 생겨날지 몰라도 질투심을 느끼지는 않는다. 문제는 라이벌이 자기보다 분명히 우위에 있다고 생각될 때다. 이때는 파트너를 빼앗길지도 모른다는 공포심 때문에 안절

부절 못한다. 자연스레 강렬한 질투심이 고개를 쳐든다.

　남성의 경우 라이벌에 대한 자신의 우위를 판단하는 기준은 경제력, 사회적 지위, 재능의 세 가지다. 라이벌의 외모에는 별다른 관심이 없다. 라이벌이 아무리 잘생겼어도 앞의 세 가지 기준이 자기보다 못하다면 안심한다. 반면 여성이 자신의 우위를 판단하는 기준은 외모다. 앞의 세 가지 기준은 별로 중요하지 않다. 자신보다 멋진 라이벌이 등장하면 여성은 격렬한 질투심을 느낄 수밖에 없다. 여기서 멋지다는 것은 얼굴 생김새만을 의미하지 않는다. 얼굴 생김새뿐 아니라 몸매나 옷차림을 칭찬하는 것도 상대의 질투를 부른다. 가령 남편이 아내에게 배려한답시고 "얼굴은 그저 그런데 몸매는 여전히 날씬하던데"라고 한마디 했다가는 질투심에 기름을 붓는 격이다.

　질투심의 처리방식에도 남녀차이가 존재힌다. 남성의 경우 질투를 느끼면 자기의 존재감을 더욱더 부각시키려 한다. 가령 전화를 자주 건다든지 생전 안 하던 선물을 하는 식으로 상대방의 환심을 사려고 노력한다. 하지만 여성의 경우는 다르다. 여성은 상대방으로부터 환심을 사려고 노력하는 대신, 상대방의 관심을 끌 수 있는 행동은 그만두고, 상대방이 어떻게 처신하나 잠시 보고 있다든지 상대방의 결점을 찾는 식으로 상대방의 평가를 낮추는 방향에서 질투의 괴로움을 달랜다.

 기혼·미혼을 막론하고 남성들은 명심해둘 필요가 있다. 상대가 질투심을 느낄 수 있는 기회를 자꾸 만들다보면 늘그막에 험한 꼴 당한다는 것을.

# 질투는 나의 힘

연애나 결혼이란 남녀 간에 배타적이고 독점적인 관계다. 두 사람만의 것이라서 제삼자가 끼어들 여지가 전혀 없다는 이야기다. 따라서 의도적이든 비의도적이든 제삼자가 이 사이에 끼어들게 되면 반드시 문제가 생겨난다. 끼어든 사람과 같은 성별의 파트너는 맹렬한 질투심을 느낄 수밖에 없기 때문이다.

이런 상황과 마주했을 때 힘든 것은 여성보다는 남성이다. 남성들은 이런 상황이 닥치면 여성과 달리 두 가지의 부정적인 감정과 싸워야 한다. 하나는 물론 질투심이고 또 다른 하나는 자신이 너무 남자답지 않은 것이 아닌가 하는 옹졸함이다. 남자는 대범해야 하고 통이 커야 한다는 전통적인 남녀관 탓에 생겨나는 감정이다. 이런 남녀관이 강한 사람일수록 자격지심이 더 크다. 자격지심이 강하다보면 저런 정도로 질투심을 느끼는 것은 남자답지 못하다는 생각을 할 수도 있다. 그 결과, 속으로는 질투심에 불타면서도 그것을 겉으로 드러내지 못하고 태연한 체한다. 자기 딴에는 통 큰 남성인 것처럼 행세하는 것인데, 별로 바람직한 처신이라고 할 수는 없겠다.

사랑한다면 질투심은 빼놓을 수 없다. 질투심을 느끼지 않는다면 그것은 사랑이 아니다. 사랑은 절대 쿨하지 않다. 쿨한 것은 사랑도 아니다. 더티하고 끈적끈적한 것이 바로 사랑이다. 따라서 질투심을 느끼는 상황이라면 그것을 표현하는 데에 주저할 필요가 전혀 없다.

남성들과 달리 여성들은 의도적인 질투 전략을 사용하는 경향이 있다. 물론 남성들 가운데에도 이런 전략을 쓰는 사람이 있다. 하지만 그러한 남성들은 극소수다. 여간한 바람둥이가 아닌 한 이런 전략을 쓸 줄 모른다. 설사 쓸 줄 안다고 해도 결과를 자신할 수 없기 때문에 행동에 옮기지는 못한다. 여성의 반응이 미온적이어서 자기 딴에는 질투를 유발한답시고, "나, 내일 선본다"라고 해봤다. 그랬더니 여성이 "그래? 선 잘 보고 꼭 그 여자랑 결혼해"라는 식으로 나온다면 이것은 스스로 무덤을 파는 것이라는 것을 잘 알기 때문에 남성들은 질투를 유발하는 전략을 사용하지 못한다.

질투유발 전략은 아무래도 여성들의 전유물인 듯하다. 그리고 이런 전략은 잘 먹히는 편이다. 여성들은 이 전략을 통해 자신은 여전히 매력 있는 존재이고, 아쉬워서 상대 남성을 만나는 것은 아니라는 것을 각인시킨다. 만일 자기에게 제대로 하지 않으면, 다시 말해 헌신하지 않으면 언제라도 떠날 수 있는 존재라는 것을 은근히 과시한다. 투크Tuke, W.와 동료들의 연구에 따르면 여성들은 상대 남성의 질투를 유발하는 전략으로 다음과 같은 네 가지 방법을 사용하고 있다.

첫 번째로 의도적으로 다른 남성과 어울리는 방법이다. 일부러 애인을 부르지 않고 다른 남성들과 시간을 보낸다. 뒤에 애인을 만났을 때 아주 재미있는 시간을 보냈다는 것을 반드시 입에 담는 것은 물론이다. 이런 소리를 듣고 태연히 있을 수 있는 남성은 없다. 애인과 함께한 친구들 모임에서 다른 남성과 더 친밀하게

행동하는 여성도 있다. 이러한 행동은 일부러 보란 듯이 과장되게 하는 경우가 많아 애인인 남성은 울화통이 터질 수밖에 없다.

두 번째로는 의도적으로 상대를 무시하는 전략이다. 이 전략을 사용해본 적이 있는 여성들은 한둘이 아닐 것이다. 전화도 받지 않고, 설사 받더라도 바쁘다는 말을 거듭한다. 다른 남성이 생긴 듯이, 아니면 적어도 상대에 대한 마음이 달라진 듯하게 행동해 상대 남성의 애를 태우는 전략이다. 일부러 전화를 받지 않고 실제로는 전혀 바쁘지 않으면서도 시간이 없다고 강조하는 식이다. 여성의 사정을 뻔히 아는 남성으로서는 애인이 변심한 것은 아닐까 하는 생각을 하기에 충분하다.

세 번째로는 다른 남성들에게 직접적으로 치근거리는 것으로 이것이 질투유발 효과가 가장 컸다고 한다. 애인이 지켜보는 앞에서 다른 남성과 춤을 춘다든지, 다른 남성들에게 줄 선물을 사는 식의 행동들이다.

마지막으로 애인과 함께 외출할 때 일부러 모르는 남성에게 추파를 던지는 것이다. 이것이 가장 교묘하다. 아무리 눈치가 없는 남성이지만 거듭해서 여성이 이런 식으로 행동하면 뭔가 모를 불안감을 느낄 수밖에 없다. 앞에서 말했듯이 남성은 여성이 다른 남성에게 보내는 미소도 좋아한다는 사인으로 받아들이기 때문에 남성들로서는 불안할 수밖에 없다.

그렇다면 여성들은 왜 이런 질투 전략을 써서 남자들을 괴롭히는 것일까? 화이트White, G.L.의 조사에 따르면 가장 큰 이유는 남자들의 자신에 대한 헌신을 강화시키기 위해서였다. 자기에게 더 잘하라는 것이다. 전체의 38%가 남성이 더 잘하도록 만들기 위해서 질투유발 전략을 사용한다고 응답했다.

두 번째는 애인이 전에 저지른 잘못을 복수하기 위해서였다. 그런데 이러한 여성들의 의도가 과연 남성들에게 제대로 전달될지는 의문이다. 남성은 여성의 반응이 평소와 다르다고 생각하면 그 원인을 가까운 데에서 찾는다. 오늘 무엇을 잘못했는지 따져본다는 뜻이다. 그러다보면 전에 저지른 잘못 때문이라고 생각하기가 어렵다. "오빠, 내가 왜 화났는지 몰라?"라는 여성들의 반응에 그토록 쩔쩔매는 것을 보면 잘 알 수 있다.

3위는 자신의 자존심을 세우기 위해서라는 대답이 이어졌다. 자존심을 세우기 위해서 남자에게 질투를 유발하는 것이 과연 옳은 행동인가 아닌가를 따지기 전에 이런 이유로 여성들이 실제로 질투를 유발하고 있다는 것이 중요하다.

결국 여성은 자신의 가치를 올리기 위한 수단으로서 질투유발 전략을 사용한다는 것이다. 사실 헌신의 정도를 파악한다는 것은

쉽지 않다. 겉으로 드러나는 행동만으로는 어느 정도 헌신하고 있는지를 여성도 파악하기 어렵다. 그것을 확인하는 수단으로서 상대방을 자극해보는 것이다. 따라서 남성이 자기는 대범한 사람이라고 무덤덤한 반응을 보이다가는 부정적인 결과를 얻기 쉽다. 남성의 의도와는 달리 자신을 별로 사랑하지 않고 있다는 식으로 여성이 받아들일 수도 있기 때문이다. 사실 그러한 반응을 기대하고 여성이 질투유발 전략을 사용한 것은 아니다. 평상 시와는 다른 반응이 있기를 기대했기 때문에 질투를 유발한 것이다. 그렇기 때문에 남성들도 거기에 맞춰주면 된다. 아무렇지도 않다는 식의 반응은 금물이다. 길길이 날뛸 필요는 없지만 적당히 약도 올라주고 화도 내고 낙담도 해주어야 사랑 받는다.

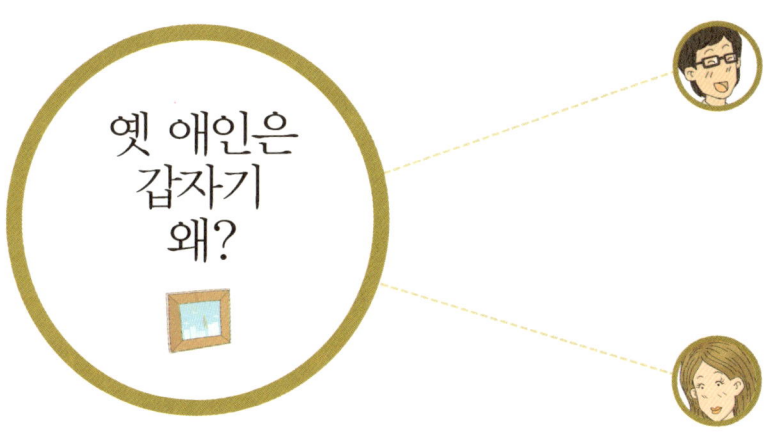

연애란 것이 두 사람만의 배타적이고 독점적인 관계다 보니 연애하는 두 사람 사이에 다른 사람이 들어오면 그 관계는 삐걱댄다. 어느 한쪽의 질투심을 부르게 돼 연애가 긴장상태로 들어갈 수 없기 때문이다. 따라서 모든 연인은 다른 사람이 그 관계 속으로 들어오는 것을 철저하게 막는다. 연애에서 상대의 헌신을 요구하는 이유가 여기에 있다.

사람이 직접 관계 속으로 들어오는 것은 아니지만 이름만 들어와도 관계는 애매해진다. 헤어진 옛 애인의 이야기를 서슴지 않고 하는 경우다. 대화 속에 옛 애인의 이름이 불쑥불쑥 튀어나오는 것 때문에 고민을 하는 사람들이 의외로 많다. 굳이 따진다면 여성들에 많긴 하지만 남성들에도 적지 않다.

만날 장소를 정하다 "전에 ~랑 거기 가봤었는데", " ~랑 거기서 스파게티 먹어봤는데, 별로 맛이 없던데"라는 식으로 지나가는 투로 옛 애인의 이름을 말하는 식이다. "걔 이런 식으로 해주었는데", "걔 이런 선물을 주었는데"라는 식으로 의도적으로 옛 애인을 거들며 도발하는 경우도 적지 않다.

이런 것이 한두 번이라면 그냥 넘어갈 수도 있지만 거듭된다면 이야기는 달라진다. 아무리 이해심이 많은 사람이라도 신경이 곤두설 수밖에 없다. 사실 이런 이야기를 아무렇지도 않게 넘긴다는 것은 이해심과는 거리가 멀다. 사랑한다면 질투심을 느끼는 것은 당연하다. 질투심을 느끼지 않는다면 그건 사랑도 아니다. 애인이 계속 옛 애인 이름을 거론하는데 헤헤거리면서 듣고 있는 것은 자존심의 문제다. 심하게 말하면 이건 멍청한 행동이다. 연애란 두 사람만의 독점적인 관계다. 여기에 옛 애인이 끼어든다는 것 자체가 연애에 대한 모독이다.

물론 성질 같아서는 "그럼 넌 ~랑 계속 사귀어라"고 한마디 내뱉고 자리를 박차고 나가고 싶지만 그게 또 그리 쉽지 않은 게 연애다. 옛 애인의 이름을 거론한다는 것 하나만으로 관계를 파탄 내기에는 아까운 사람일 때가 많기 때문이다. 게다가 들어보면 옛 애인을 잊지 못해 그러는 것 같지도 않다. 자기 말로는 완전히 잊었다고 하면서도 가끔씩 옛 애인을 거들먹거리니 미치고 팔짝 뛸 일일 것이다.

옛 애인을 입에 담는 것이 그 사람을 잊지 못해 그러는 것은 분명 아니다. 잊기는 잊었다. 분명히 잊었다. 자기 스스로도 그렇게 생각한다. 그런데도 옛 애인과 관련된 장소나 행동과 마주하면 무의식적으로 입에서 튀어나온다. 인간 누구라도 의도적으로 전직 애인을 입에 담으면서 현직 애인을 괴롭힐 만큼 모질지는 않다. 만약에 그렇게 모질다고 여겨시면 뒤돌아보지 말고 집으로 도망가는 것이 최선의 몸보신이다.

잊은 것은 분명한데, 옛 애인과 관련이 있는 듯한 것들과 마주하면 무의식적으로 그 사람의 이름이 불쑥불쑥 튀어나오는 것은 무슨 이유에서일까. 그것만 아니면 참 나무랄 데가 없는 사람인데, 왜 옛 이름을 들먹여서 내 속을 뒤집어 놓는 것일까.

이유는 의외로 단순하다. 실연을 제대로 극복하지 못한 탓이다. 이럭저럭 실연을 극복한 듯하지만 철저하게 마무리 짓지 못한 탓이다. 실연을 극복한다는 것이 그리 간단한 일은 아니다. 실연의 상처를 이겨냈다고 해서 저절로 실연을 극복했다고 볼 수는 없다. 마지막 절차를 반드시 마무리지어야 한다.

실연 극복의 마지막 절차는 '추억의 애도', '추억의 매장'이라고 불리는 단계다. 실질적으로 이미 끝장난 연애를 추억 속에서 지우는 단계다. 이 과정은 마음만 먹으면 간단하게 마무리 지을 수 있다. 하지만 사람에 따라서는 마음먹기 자체가 너무나 어려울 경우가 있다. 추억의 매장이란 함께 찍었던 사진을 찢어버린다든지 서로 주고받았던 편지를 태워버리거나 보관해두었던 이메일함을 깨끗이 비워버린다든지 하는 식의 정리를 말한다. 받았던 선물도 말끔하게 정리할 필요가 있다. 함께 나누었던 기억과 감정을 정리하는 것이다.

추억의 매장이란 말과 달리 너무나 간단한 절차인데도 이것을 못한다. 특히 실연 과정에서 찬 쪽이 아니라 차인 쪽의 사람들은 추억을 매장하지 못한다. 언젠가 다시 만날지도 모른다는 막연한 기대감 때문이다. 다시 만나게 될 경우를 대비해 두 사람만의 추억을 그대로 간직해두는 것이다. 헛된 기대감이라는 것을 뻔히 알면서도 그것을 없애지 못한다. 이런 상태로는 실연을 제대로 극복 할 수 없다. 드문 경우이긴 하지만 물건 욕심이 많아 옛 애인이 준 선물을 그대로 간직하고 있는 경우도 있다. 만약 상대가 이런 경우라면 그것을 버리게 하고 그것보다 더 좋은 것을 선물하면 되니 별 문제가 되지 않는다.

  옛 애인의 이름을 자주 이야기하는 상대를 둔 사람은 일단 옛 애인의 추억을 매장시키게 할 일이다. 도와줄 수 있다면 도와줘서 철저하게 매장시킬 일이다. 이 단계를 제대로 마무리 지으면 그 다음날부터 당장 옛 애인이 머릿속에서 사라지는 것은 아니지만 적어도 그의 이름을 입에 담는 횟수는 눈에 띄게 줄어든다.

**연애심리 테스트**

## 차일까봐 두려운 당신을 위한 체크리스트

각 항목을 보고 자신이 해당한다고 생각하는 점수를 빈칸에 적어주세요.

| ❶ 예 | ❷ 아니오 |
| --- | --- |

1. 무슨 일을 할 때에는 남에게 의지하지 않고 스스로의 판단으로 정한다. ( )
2. 나는 주위 사람들에게 폐만 끼치고 살아온 듯하다. ( )
3. 어떻게 하면 좋을까 정하지 못할 때가 자주 있다. ( )
4. 무엇이 좋은 것인지 무엇이 나쁜 것인지 판단을 내리기 어려울 때가 있다. ( )
5. 다른 사람으로부터 비판을 받는 것이 대단히 불쾌하다. ( )
6. 지금까지 살아온 삶은 잘못투성이인 느낌이 든다. ( )
7. 가끔 멍한 상태로 쓸데없는 생각에 잠길 때가 많다. ( )
8. 지금의 나는 진짜의 내가 아닌 듯하다. ( )
9. 만일 다시 태어난다면 지금과는 전혀 다른 인생을 보내고 싶다. ( )
10. 앞으로 무엇을 해야 하는지 모를 때가 많다. ( )
11. 생활의욕이 충실한 편이라고 생각한다. ( )
12. 내 안에는 서로 모순되는 두 가지 성격이 있는 것 같다. ( )
13. 내가 어떤 존재인지 나 자신도 모를 때가 있다. ( )
14. 하루하루 충실하게 지내고 있다. ( )

나는 _____ 점이에요.

### 채|점|방|법

'예'는 1점, '아니오'는 0점으로 합한 것이 자신의 점수가 된다. 단 1번, 11번, 14번은 역전항목으로 '예'는 0점, '아니오'를 1점으로 계산한다.

### 점|수|별|유|형|해|설

**사랑은 언제나 목마르다 형(8점 이상)**

사랑을 늘 확인하지 않으면 불안하지 않던가. 점수가 높으면 높을수록 그러한 경향이 더욱 강하다. 자기의 정체성이 자신이 아니라 남의 눈에 비친 자신에 있기 때문이다. 우선 자신을 사랑하는 법을 배울 필요가 있다. 그러기 위해서는 자신을 우선 잘 알아야 한다. 나의 장점은 무엇이고 또 단점이 무엇인지를 먼저 파악해둘 필요가 있다.

**내 안에 너 있다 형(7~4점)**

사랑징체성이 제대로 확립되어 있다고 볼 수는 없다 따라서 항상은 아닐지 몰라도 사랑을 확인하고 싶은 마음은 있을 것이다. 이러한 점수를 기록한 사람들 역시 스스로에 대해서 생각하는 기회를 자주 갖는 편이 좋다. 그리고 의도적으로라도 상대에 대해 배려하려는 자세를 익힐 필요가 있다. 받는 것을 당연히 여기는 자세를 버리지 않는 한 평생 아이로 살 가능성도 있다.

**내 인생 내가 산다 형(3점 이하)**

자아정체성 면에서는 별 문제가 없다.

• 4장 •

## 연애에도 빨간불과
## 파란불이 있다

## 밀당, 연애의 필요충분조건

밀고 당긴다는 말의 준말인 밀당을 심리학 용어로 표현하자면 더블 바인드<sub>Double-Bind</sub>가 될 것이다. 더블 바인드란 이중적인 메시지를 상대에게 전해주는 소통의 한 기법이다. 가령 웃으면서 네가 싫다고 이야기한다든지, 반대로 인상을 벅벅 쓰면서 네가 좋다고 이야기하는 식이다. 다시 말해 언어적 소통내용과 비언어적인 표현이 일치하지 않는 메시지를 더블 바인드 메시지라고 한다. 이러

한 정보를 전달받는 사람은 당황할 수밖에 없다. 어느 편이 진짜인지를 판단할 수 없기 때문이다. 더블 바인드를 이중구속이라고 번역하는 경우도 있지만 썩 좋은 번역이라고는 생각되지 않는다.

더블 바인드, 다시 말해 밀당이 가장 빈번하게 사용되는 것은 연인관계에서다. 물론 밀당이 남녀관계의 전유물만은 아니다. 일상생활에서도 흔히 사용된다. 가령 아이를 야단칠 때, 부모가 역할을 분담하는 것도 훌륭한 밀당이다. 엄마가 아이를 따끔하게 야단쳐 눈물을 빼놓고 나서, 아버지가 다정한 말투로 아이를 위로하는 것, 이것 역시 밀당임에 틀림없다. 이것의 역도 물론 밀당이다.

사기꾼들도 밀당을 자주 사용한다. 사기꾼들은 2인 1조로 행동하는 경우가 흔하다. 한 명은 척 보기에도 야비하게 생겼지만 다른 하나는 후덕하고 인상도 좋다. 언변이 좋은 것은 물론이다. 먼저 야비하게 생긴 한 명이 조야한 언어로 피해자의 혼을 빼놓는다. 그리고 나서 다른 하나가 후덕한 미소를 띠며 부드럽게 위로하며 사기치는 식이다.

밀당은 수사에서도 자주 쓰인다. 일단 무섭게 생긴 수사관 한 명이 상스러운 언어로 피해자를 다그친다. 그리고 난 후, 인상 좋은 수사관이 "저 사람은 원래 사람은 좋은데, 말하는 식이 저래서요. 힘드셨죠?"라고 은근한 말투를 건네며 스스로 자백하기를 유도한다. 이중적인 메시지를 전달함으로써 상대를 혼란에 빠뜨리고 무기력하게 만든다. 이처럼 병 주고 약 주는 식의 표현, 당근과 채찍을 동시에 주는 표현들 모두가 광의의 더블 바인드에 포함된다고 볼 수 있다.

물론 연애에서의 밀당은 이런 식으로 이루어지지는 않는다. 하지만 이중적인 메시지를 전달한다는 점에서는 동일하다. 가령 한 시간이 멀다 하고 문자를 보내던 상대가 갑자기 연락이 잠잠해진다. 만날 때면 언제나 웃는 얼굴로 즐거워하던 상대가 이번에 만났을 때는 별로 웃지도 않고 딴청을 핀다. 사랑이 듬뿍 담긴 말로 통화하던 상대였는데 이번에 통화하니 싸늘하기 그지없다. 이러한 것들이 밀당의 전형이다.

좀 더 고등적으로 밀당을 하는 사람들은 만나서 잘 놀다가 헤어질 무렵이 되면 얼굴빛을 바꾼다. 표정이 싸늘해지면서 말투도 바꾼다. 다음 번 약속을 얼버무린다. 이런 식의 반응을 대하게 되면 누구나 당황한다. 내가 무엇인가 잘못한 것은 아닌가 하는 불안에 사로잡힌다. 소심한 사람이라면 집으로 돌아가서 잠을 못 이룰지도 모른다.

역으로 만났을 때 새초롬한 표정을 짓지만 시간이 지나갈수록 예전의 모습을 보여주는 식의 행동도 밀당이다. 관계를 끝내지 않을 작정이면서도 이런 식의 반응을 보여주는 것은 상대를 헷갈리게 해서 자기에 대한 애정을 높일 목적임은 두말 할 필요가 없다.

그렇다면 매일 웃는 낯을 해도 모자랄 것 같은 연인들이 왜 밀당을 사용할까? 여기에는 여러 가지 이유가 있을 수 있지만 크게 보아 두 가지가 중요하다. 우선 상대에게 긴장감을 느끼게 만들어 스스로를 되돌아보게 하기 위해서 밀당을 사용할 때가 많다. 연인들뿐만 아니라 일반적인 관계에서도 이러한 목적 때문에 밀당이 쓰일 때가 많다.

인간관계에서 칭찬은 관계를 매끄럽게 하는 아주 훌륭한 윤활유다. 하지만 칭찬이 인간관계에서 아주 긍정적인 역할을 한다고 해서 특정한 누군가를 매일 칭찬만 한다면 무슨 일이 벌어질까? 대개의 사람들은 칭찬을 당연하다는 듯이 받아들이게 될 것이다. 자기는 칭찬 받을 자격이 있고 또 마땅히 받아야만 한다는 듯이 나올 것이다. 자신이 마치 칭찬 받기 위해 태어난 사람인 양 기고만장해질 것이다. 이렇게 되면 칭찬의 의미가 퇴색될 수밖에 없다. 상대를 격려하여 자신감을 갖게 하는 것이 칭찬의 역할인데, 이쯤 되면 칭찬을 계속한다는 것은 오히려 역효과를 거두기 때문이다. 따라서 이때는 더블 바인드를 쓰는 것이 좋다. 욕까지는 하지 않더라도 칭찬하는 것을 딱 멈추는 것이다. 말투와 표정까지 바꾸면 효과는 배가된다. 이것이 며칠 거듭되면 여간 둔감하지 않는 한 상대는 이상하다는 것을 느낄 수밖에 없다. 그러다보면 내가 무언가 잘못한 것은 아닌가 하는 생각을 하게 될 것이고 예전의 기고만장한 태도는 사라지게 된다.

더블 바인드 기법이란 스스로를 되돌아보게 하는 훌륭한 소통 기법이다. 인간이란 적응력이 너무나 뛰어난 동물이라 싫든 좋든 특정한 반응에 익숙해지기 마련이다. 그리고 아무리 좋은 것이라도 일단 익숙해지면 그것의 좋고 고마운 점을 못 느낀다. 당연하게 받아들이는 것이다. 이러한 경향이 인간관계라고 해서 예외는 아니다. 잘해주면 머리 위에 앉으려 드는 것이 사람이다. 사람들의 이러한 경향, 다시 말해 익숙한 것의 고마움을 못 느끼는 좋지 않은 버릇에 일침을 가하는 것이 바로 더블 바인드다.

연애라고 해서 다를 바가 없다. 만남을 거듭해가며 친밀함이 증대되다 보면 상대에 대해 익숙해진다. 상대에 대해 배려로 해주는 행동도 당연하게 받아들인다. 이렇게 되다보면 연애감정 자체가 시들해질 우려가 있다. 따라서 이 상태에서는 어느 한쪽이 브레이크를 밟아줄 필요가 있다. 상대에 대해 긴장감을 불러일으키기 위해서다.

연애에서 헤어지는 가장 큰 이유는 권태 때문이다. 한 통계에 따르면 70% 정도의 연인이 권태 때문에 헤어졌다. 물론 권태라는 이유에는 여러 가지가 복합되어 있을 수 있다. 하지만 서로의 감정이 시들해진, 말 그대로의 권태도 적지 않다. 이러한 권태를 막기 위한 훌륭한 방법이 바로 밀당임은 두말할 필요가 없다.

연애에서 밀당이 자주 일어나는 두 번째 이유는 앞에서도 말했듯이 여성들이 의도적으로 질투를 유발하는 경향이 있다는 것이다. 여성들은 상대 남성의 헌신을 확인하기 위해서 수시로 질투를 유발한다. 이때의 도구가 밀당임은 물론이다. 남성들이 골치 아파하는 것은 이 두 번째 이유에 해당하는 밀당이다. 남성으로서는 여성들이 왜 그런 반응을 보여주는지 알 수가 없기 때문이다. 잘못한 것도 없고 상대 여성을 무시한 것도 없는데 왜 저러는지 도무지 알 수가 없으니 답답하기만 하다. 이런 답답한 남성을 위해서 한마디 하겠다. 더블 바인드의 기본은 말과 행동의 이중성에 있다. 이때 말보다는 행동이 보여주는 것이 진짜 메시지일 경우가 많다. 말은 염두에 둘 필요가 없다. 행동이 보여주는 메시지가 헤어지자는 사인이 아니면 실망하지 말고 더 잘 해주면 된다.

# 남자는 생각이 없거든

더블 바인드 메시지가 가능한 이유는 우리가 정보를 전달할 때 언어적 통로, 다시 말해 말만 사용하는 것은 아니기 때문이다. 우리는 소통할 때 말뿐만 아니라 표정, 시선, 제스처 등 다양한 채널을 사용한다. 또한 이러한 채널을 각기 다른 방식으로 사용하는 것도 얼마든지 가능하다. 몇 가지 채널을 서로 다르게 조합해서 사용함으로써 상대가 해독하기 힘든 메시지를 얼마든지 전달할 수 있다는 이야기다. 가령 무뚝뚝한 표정으로 시선을 돌린 채 고래고래 소리지르면서 사랑한다고 말할 수 있다. 사랑스럽다는 표정을 지으면서 똑바로 상대를 응시한 채 "난 네가 너무 싫어"라고 말하는 것도 어렵지 않다.

일상생활에서 이런 식으로 상대를 완전하게 헛갈리게 하는 식으로 표현을 하기는 어렵고, 또 하지도 않는다. 하지만 둘만의 독점적인 관계인 연인 사이에서는 이것보다 더한 표현도 얼마든지 가능하기 때문에 골치가 아프다. 이렇게 생각하면 이렇고 저렇게 생각하면 저런 표현과 마주할 기회가 얼마든지 있기 때문에 연애는 어렵다는 탄식이 저절로 나오는 것이다.

밀당의 포인트는 표정, 시선, 제스처 등의 비언어적 표현을 얼마나 능숙하게 구사하느냐에 달려 있다. 이것은 직접 대면했을 때만이 아니라 서로 얼굴을 보시 않고 문자나 통화를 할 때도 마찬가지다. 문자나 통화에서 상대방에 연락을 하는 횟수로서 얼마든지 밀당을 할 수 있다. 하지만 그것은 너무 단순하고 노골적이다. 다시 말해 몇 번 사용하다 보면 아무리 둔한 상대라도 이것이 밀당이라는 것을 쉽게 알아차릴 수 있다. 그리고 얼마든지 대처를 할 수 있다. 센스 있는 상대라면 오히려 역공도 할 수 있다. 이렇게 되면 굳이 밀당을 해야 할 이유가 없어진다. 잘못하다가는 스스로 만든 함정에 빠져드는 결과를 초래할 수 있기 때문이다.

　전화나 문자를 통한 소통에서 횟수보다 더 중요한 것은 말투나 목소리다. 이 두 가지에 변화를 주는 것만으로도 상대를 얼마든지 혼란에 빠뜨릴 수 있다. 여기에 말하거나 쓰는 양까지 조절해버리면 못할 것이 없다. 상대의 메시지에 열 번쯤 "응"이라는 답신만 계속해보라. 결코 무사하지 않을 것이다. 상대와의 긴 통화를 작정하고 전화를 걸었더니, 받자마자 "알았어, 나 지금 바빠"라고 전화를 끊어버렸을 때의 실망감이 얼마나 큰지는 겪어본 사람은 다 알 것이다. 그리고 이러한 반응이 한두 번이 아니라 몇 번 거듭된다면 상대가 변심한 것은 아닌가 하는 불안에 빠지지 않을 사람은 없다. 특히 바쁠 이유가 전혀 없는데도 저런 반응을 거듭 보여준다면 미치고 팔짝 뛸 일이다.

　이처럼 밀당에서의 포인트는 비언어적 표현이다. 언어적 표현과 비언어적 표현 사이에 괴리가 크면 클수록 훌륭한 밀당이 된다. 문제는 남성들이 비언어적 표현을 해독하는 능력이 뒤떨어진다는 점이다. 앞에서도 말했듯이 남성들이 주로 메시지를 받아들이는 통로는 언어적 채널이다. 언어적 내용이 동일하다면, 다시 말해 말하는 내용이 동일하다면 남성은 이것이 밀당인지 아닌지를 알아차리지 못한다. 여성들이 말하는 내용에 변화가 없다면 늘 희희낙락한다. 이것을 잘 아는 여성들은 밀당의 포인트를 언어적 내용에 둘 수밖에 없다. 비언어적 채널로 이것이 밀당이라는 사인을 주면서 말로는 다른 메시지를 전달하는 식을 택할 수밖에 없다. 하지만 비언어적 표현을 전혀 눈치채지 못한 남성들은 여성의 말에 그대로 넘어가 불면의 나날을 지낼 수밖에 없다.

이처럼 남성은 연애에서 밀당에 약하다. 당하는 것이 약하다 보니 스스로 밀당을 하겠다는 엄두조차 못 낸다. 연애의 주도권은 여성이 쥐고 있기 때문이기도 하지만 소통능력이 여성보다 훨씬 떨어진다는 것을 잘 아는 데에 더 큰 이유가 있다. 따라서 섣부르게 밀당을 하기보다는 가만히 있는 것이 오히려 낫다는 것을 남자들 스스로 잘 안다.

사정이 이런데도 상대 남성이 밀당을 하고 있다고 느끼는 여성들이 많은 것은 무슨 이유에서임까? 그것은 여성들이 밀당으로 해석하고 싶어서일 뿐이다. 헤어진다는 것을 받아들이고 싶지 않아서다.

남성들이 밀당을 하는 것처럼 보인다면 그것은 밀당이 아니다. 이미 마음이 떠났으니 이제는 헤어지고 싶다는 뜻이다. 그것을 노골적으로 표현하지 못할 뿐이다. 연락이 두드러지게 뜨막해지긴 했지만 만나보면 웃는 낯을 하고 있다고 해서 그것이 밀당은 아니라는 이야기다. 헤어질 것을 각오했더라도 직접 마주하면 모질게 대할 마음이 사라지기 때문에 그럴 뿐이다. 그것을 밀당으로 받아들여서는 곤란하다.

따라서 만일 교제하고 있는 남성이 밀당을 하는 듯 보이는 여성이라면 헤어질 준비를 하는 것이 현명하다. 밀당을 하는 식으로 보인다면 상대 남성이 헤어지고 싶다든지, 아니면 연애의 경험이 풍부한 남성이라는 것을 의미하기 때문이다.

여성 가운데에는 남성이 연애초보가 아니라 다소간의 연애경험이 있는 경우를 선호하는 사람들이 있다. 그런 여성들은 밀당을 할 줄 아는 남성이어도 상관없다고 생각할 수도 있다. 하지만 연애경험도 정도 나름이다. 너무 많은 연애경험은 독이 될 수 있다. 훗날을 생각한다면 밀당에 능숙한 남성은 피하는 것이 바람직하다. 쌓이고 쌓인 게 남자인데 두고두고 골칫거리가 될 남성을 굳이 선택할 이유는 없다.

# 연애의 정석?

첫눈에 확 반해 열렬한 관계로 접어드는 경우도 드물지는 않지만 대개의 연애는 일정한 단계를 밟아가기 마련이다. 이러한 단계를 다룬 심리학의 이론들을 연애단계론이라고 부른다. 이러한 이론 가운데 가장 유명한 것이 미국의 사회심리학자 머스타인Murstein, B. J.의 SVRStimulus-Value-Role이론이다.

이 이론에 따르면 대개의 연인들은 다음과 같은 3단계를 밟아간다. 우선 상대와의 첫 만남이 있다. 이 단계에서는 상대방의 겉모습, 음성, 행동 등이 중요하다. 상대에게 매력을 느낄 수 있는 요소가 없다면 그 다음 단계로 접어들지 못하기 때문이다. 상대방으로 받는 자극Stimulus이 결정적인 영향을 미치기 때문에 이 단계를 S단계라고 부르고 있다.

두 번째는 V단계. 본격적인 교제가 시작되는 단계로, 이 단계에서는 함께 행동할 기회가 많아진다. 서로의 생각이라든지 가치관이 유사하면 이 단계가 자연스럽게 진행된다. 이것들이 다르면 삐걱거리기 마련이고 그러다 보면 파국이 오기 쉽다.

일단 서로의 유사점을 확인하고 애정이 깊어지면서 마지막 단계인 R단계로 접어든다. 결혼에 골인하기 전까지의 단계다. 교제의 최종 단계에 이르면 가치관이 비슷하다는 것 이상의 무엇이 필요해진다. 그것이 바로 역할분담이다. 이 단계에서는 서로가 역할을 분담해서 행동할 필요가 있다. 두 사람이 같은 역할에 충실하면 그 연애는 깨진다. 한 사람이 리드하면 상대방은 따라가 주어야 하고, 한쪽이 억지를 피우면 그것을 받아주기도 해야 한다. 어리광을 부리면 한쪽은 어리광을 받아주는 역할을 맡아주어야 한다. 둘 다 어리광 부리는 것만 고집하다 보면 더 이상의 진전이 어렵다.

S-V-R 이론이 중요한 것은 이 세 가지 단계에서 서로 다른 대응전략이 필요하다는 것을 시사한다는 점이다. 가령 첫 번째 단계인 S단계에서는 서로가 잘 보이기 위해 최대한 노력한다. 자기의 단점은 최대로 감추고 자신의 좋은 모습만을 보여주기 위해 노력한다. 하지만 2단계인 V단계에서는 이것만으로는 충분치 않다. 자기의 약점을 되도록 드러내야 한다. 앞에서 말했던 자기제시의 단계이다. 좋은 점만 보여주는 것만으로는 마지막 단계인 3단계로 접어드는 것 자체가 불가능하다. S-V-R 이론은 밀당에 대해서도 시사하는 바가 크다. 각 단계에서 밀당의 정도가 달라야 한다는 것을 유추할 수 있기 때문이다. 첫 단계에서 밀당은 의미가 없다. 정도 안 든 단계에서 밀당을 할 남녀는 아무도 없다. 밀당이랍시고 해봐야 다음 번에 만날 기회 자체가 없어지기 때문이다.

본격적인 밀당이 이루어지는 것은 아무래도 2단계인 V단계다. 자신에 대한 애정을 높이고 또 상대의 사랑을 확인하기 위해서 밀당이 이루어진다. 이 단계에서 적절한 밀당은 효과가 있다. 너무 빈번하지만 않다면 이 단계에서의 밀당은 상당한 효과를 발휘한다. 특히 소극적인 성격을 가진 상대에게 효과적이다.

또한 사람은 손에 넣을 듯 말 듯 할 때 가장 애를 태우는 법이다. 어렵게 손에 넣어야 소중한 것을 아는 것이 사람이다. 너무 쉽게 손에 넣으면 시들해지는 것이 사람이니 상대의 애를 태우는 수단으로서의 밀당은 효과가 있을 수밖에 없다.

문제는 마지막 단계에서의 밀당이다. 즉 서로 사랑을 확인하고 난 뒤의 밀당이다. 이 단계에서 지나친 밀당은 역효과를 부를 뿐 아니라 위험하기도 하다. 이 단계에서의 밀당은 애정을 확인하려는 것이 아니라 상대를 통제하기 위한 밀당이기 때문이다. 다시 말해 상대를 손에 쥐기 위한 밀당이라는 것이다. 이 단계에서의 밀당은 특히 여성들이 주의를 해야 한다. 잘못 밀당을 하다가는 남성에게 구속감을 느끼게 할 수 있기 때문이다. 남성은 독립에의 욕구가 강하기 때문에 구속감을 느끼면 반발한다. 이러다 평생 구속 당하고 살아가야 하는 것은 아닌가라는 느낌을 남성이 갖게 되면 그 연애는 위험해진다.

여성들이 오해하는 것은 이 단계에서 남성을 꽉 잡아놓아야 한다고 생각하는 것이다. 주위에서 하도 "여기서 잡지 않으면 평생 못 잡는다"라는 식의 말을 해대기 때문이다. 하지만 이런 말은 철저히 무시해도 된다. 다시 말해 일단 이 단계에 접어들었다는 생각이 들면 남성을 꽉 잡아놓을 필요가 없다. 그대로 놔둬도 아무 문제가 없다. 다음의 통계에 여실히 드러나 있듯이 어차피 잡히게 돼 있는 것이 우리나라의 남성이기 때문이다.

우리는 가정에서 여성의 결정권이 절대적이라는 것을 경험적으로 잘 알고 있다. 엄마, 아빠를 보면 잘 알 수 있다는 말이다. 이것이 표에 그대로 나타나 있다. 우선 자녀양육, 자녀교육, 일상생활비 관리의 세 항목을 살펴보자. 이 세 항목에서 여성이 결정한다는 비율은 57%에서 63%에 이른다. 이에 비해 남성이 결정한다는 비율은 1.8%에서 4.6%에 불과하다. 가사결정 중에서 가장 중요하다고 할 수 있는 주택구입 및 이사에서도 여성이 결정한다는 비율이 12.3%로 남성의 9.2%보다 3% 높고, 투자 및 재산관리에서도 15.5%로 14.3%보다 1.2% 높다. 이 두 가지 항목에서 부부 공동결정이라는 항목 응답률이 압도적으로 높지만 위의 수치를 보면 공동결정이라고 하더라도 여성의 의견이 많이 가미된 결정이라고 볼 수 있다. 이처럼 가정에서의 결정권은 여성들이 독점하고 있다고 해도 지나치지 않다. 게다가 우리 사회의 특성상 아이들은 대개 엄

(단위 : %)

| | 계 | 전적으로 부인 결정 | 대체로 부인 결정 | 부부 공동 결정 | 대체로 남편 결정 | 전적으로 남편 결정 | 각자 다른 사람 |
|---|---|---|---|---|---|---|---|
| 자녀양육 | 100.0 | 19.5 | 43.5 | 34.5 | 1.4 | 0.4 | 0.9 |
| 자녀교육 | 100.0 | 16.1 | 40.9 | 40.1 | 2.1 | 0.4 | 0.3 |
| 일상생활비 관리 | 100.0 | 19.1 | 40.6 | 35.5 | 3.3 | 1.3 | 0.2 |
| 주택구입 및 이사 | 100.0 | 3.0 | 9.3 | 78.3 | 7.7 | 1.5 | 0.2 |
| 투자 및 재산관리 | 100.0 | 5.0 | 10.5 | 69.9 | 11.5 | 2.8 | 0.5 |

자료 : 보건복지부·한국보건사회연구원, 「2009년도 전국 결혼 및 출산 동향조사」

마 편이다. 남성들은 특히 나이가 들어갈수록 가정에서 외톨이이기 쉽다.

　사정이 이럴진대, 다시 말해 결혼을 하면 주도권을 자연스레 쥐는 것이 여성인데, 연애의 마지막 단계에서 상대를 손아귀에 넣기 위한 밀당은 아무런 의미가 없고 또 위험하다. 자칫하면 화를 부를 수도 있기 때문이다.

# 말이 안 되면
# 몸으로
...

연애에서 말을 잘한다는 것은 더할 나위 없는 무기다. 요즘같이 유쾌하고 즐거운 사람과 함께 있는 것을 좋아하는 세태에서는 더더욱 그렇다. 말로서 상대를 웃기고 울릴 수 있는 재주를 가진 사람은 연애에서 이미 반쯤 먹고 들어간다. 상대가 시간 가는 줄 모를 정도의 화려한 언변을 자랑하는 사람이라면 연애고수는 따놓은 당상이다. 하지만 누구나 말을 잘할 수는 없다. 말을 잘한다는 것에는 어느 정도 타고 나야 하는 부분이 있기 때문이다. 그렇다고 말을 잘 못하는 사람은 아예 연애할 엄두조차 내지 말아야 할까? 연애를 완전히 포기한 채 영원한 싱글을 고수해야 할까? 평소에는 말을 잘 하지만 좋아하는 이성 앞에만 서면 입이 굳어버리는 사람들은 연애와 완전히 담을 쌓아야 할까? 절대 그렇지는 않다. 내가 말을 못한다면 상대가 더 많이 말하도록 하면 된다. 다시 말해 언변에 자신이 없다면 입 대신 몸으로 말하면 된다. 바디 랭귀지를 효과적으로 사용하여 상대가 더 많이 말을 하도록 만들라는 뜻이다.

인간관계에서 바디 랭귀지의 역할은 아무리 강조해도 지나치지 않다. 바디 랭귀지가 얼마나 효과적인지를 보여주는 연구들은 많다. 가령 사회심리학자인 마타라초 Matarazzo, J.D.의 실험에 따르면 단순히 고개를 끄덕이는 것만으로도 면접자의 발언시간을 67%나 길게 할 수 있었다. 이 실험은 공무원 시험의 면접자를 대상으로 실시되었다. 면접을 할 때 최초의 15분간은 심사위원이 아무 제스처 없이 그냥 지원자의 발언을 들었다. 그뒤 15분간은 심사위원이 의도적으로 고개를 끄덕였다. 그리고 마지막 15분간은 다시 고개를 끄덕이지 않은 채 면접자들의 의견을 듣기만 했다. 결과를 보면 고개를 끄덕이는 15분간에는 처음 15분간보다 48%에서 67%까지 발언시간이 길어지는 것이 확인되었다. 심사위원이 고개를 끄덕이는 것을 자신의 의견에 동의한다는 표시로 받아들인 면접자들이 적극적으로 의견을 표명한 결과다. 하지만 고개를 끄덕이지 않은 마지막 15분간은 발언시간이 다시 짧아져 최초의 15분간과 별 차이가 없었다. 45분간 심사원이 전혀 고개를 끄덕이지 않은 비교대조의 실험에서는 면접자들의 발언시간이 짧았을 뿐 아니라 발언시간에도 변화가 전혀 없었다. 이처럼 단순하게 고개를 끄덕이는 것만으로도 상대가 말하는 시간을 얼마든지 늘릴 수 있다. 고개를 끄덕이는 것만이 아니라, 대화 중간에 "네", "그렇죠"라는 식으로 맞장구만 쳐주어도 자신에 대한 호감도를 높일 수 있다는 것을 보여주는 연구도 있다. 이처럼 단순한 바디 랭귀지만으로 관계를 얼마든지 매끄럽게 할 수 있다.

바디 랭귀지 가운데 바디 싱크로니Body Synchrony가 가장 효과적이다. 바디 싱크로니란 무의식적으로 호감을 가진 상대와 똑같은 동작을 하는 현상을 말한다. 이야기를 나누다 상대가 자세를 자신에게 가까이하면 자신도 모르게 똑같은 동작을 한다든지, 상대가 컵을 들어 물을 마시면 자신도 무심코 물을 마시는 식의 행동이 대표적인 싱크로니다. 싱크로니는 동조경향이나 자세반향 등으로 번역된다.

시간이 있다면 카페에서 주위에 앉은 연인들의 동작을 유심히 살펴보라. 커플에 따라 싱크로니의 정도가 천차만별인 것을 알 수 있을 것이다. 거의 완벽할 정도로 싱크로니가 일어나는 커플들은 이미 친밀할 대로 친밀한 커플이라고 보아도 무리가 없다. 반면 싱크로니가 전혀 일어나지 않는 커플들은 이미 애정은 식었고 헤어짐을 목전에 둔 커플이라고 보아도 무방하다.

싱크로니가 남녀 사이에서만 일어나는 것은 아니다. 상대를 마음에 들어 하는 동성 간에도 얼마든지 일어날 수 있다. 가령 아부를 잘하는 사람들을 생각해보자. 우리는 이런 사람들을 한심하다고 여기지만 그들에게도 나름대로의 장점은 있다. 이들은 싱크로니가 체득화된 사람일 가능성이 높다. 상사들과 그들이 회식이나 식사를 할 때 그들의 행동 하나하나에 신경을 써보자. 아부의 달인이라면 상사와의 싱크로니가 완벽하게 이루어지는 것을 볼 수 있을 것이다. 우리는 이런 사람들이 아부로 저런다고 생각하지만 본인들은 상사가 좋아서 아부처럼 비치는 행동을 서슴지 않고 하는 줄도 모른다.

싱크로니는 상대에게 호감을 가졌을 때 일어나는 무의식적인 행동이다. 싫어하는 상대 앞에서 싱크로니는 일어나지 않는 법이다. 정말로 좋아하는 사람들끼리 일어난다. 금슬이 좋은 부부가 닮아보이는 것에는 거듭된 싱크로니가 한몫을 한다.

싱크로니가 무의식적인 반응이긴 하지만 우리는 이것을 의도적으로 이용할 수 있다. 특히 나는 좋아하지만 상대의 반응은 아직인 이성을 두고 싱크로니를 사용해볼 필요가 있다. 그 이성의 마음을 사로잡고 싶다면 반드시 싱크로니를 이용해보라. 방법은 간단하다. 의식적으로 상대의 행동을 따라 하는 것이다. 커피 잔에 손이 가면 이쪽도 가고, 시선이 다른 쪽으로 가면 이쪽도 같은 쪽을 바라본다. 팔짱을 끼면 자신도 같은 동작을 해본다. 이런 식으로 신경을 써서 같은 동작을 하다 보면 분위기가 한결 좋아진 것을 느낄 수 있다. 물론 상대는 의식하지 못하겠지만 이미 자신에 대한 호감도도 높아진 상태다.

문제는 적절하게 싱크로니를 사용해야 한다는 것이다. 너무 지나치게 사용하다 보면 상대가 눈치챌 수 있다. 이렇게 되면 오히려 역효과를 거둔다. 특히 여성일 경우 이러한 행동을 눈치채면 자기를 무시해서 저러는 것 아닌가 하고 생각하기 쉽다. 여성이 이렇게 생각한다면 이미 산통은 깨졌다. 눈치채지 못하게 신경을 쓰면서 사용하는 것이 무엇보다 필요한 것은 싱크로니에만 해당되지 않는다. 고개를 끄덕이거나 맞장구를 치는 경우도 마찬가지다. 과도하게 사용하면 오히려 해가 된다. 반드시 적당한 수준을 유지해야 한다. 과유불급이란 말이 달래 있는 것이 아니다.

# 님은 가까운 곳에
...

연애나 결혼의 상대는 가까운 곳에 있다. 굳이 먼 데서 찾을 필요가 없다. 지금 상대가 없다면 가까운 데를 소홀히 하고 너무 먼 데서 찾고 있기 때문인지도 모른다. 연애나 결혼에서 가까이 있다는 근접성의 요인은 대단히 중요하다. 미국의 사회학자 보사드 Bossard, J. H.는 5천 명의 사람들을 대상으로 한 조사를 통하여 34%에 달하는 사람들이 5블럭 이내에 거주하고 있는 사람들과 결혼

했다는 것을 밝혔다. 처음 만났을 때 같은 건물에 살고 있었다는 사람들도 12%에 달했다. 또한 보사드는 장소가 멀면 멀수록 결혼에 성공하는 비율이 낮아진다는 것도 분명하게 밝혀냈다. 보사드는 이러한 결과를 두고 "큐피드는 화살을 갖고 있을지 모르지만, 그것은 멀리 날아가는 데에는 부적합한 모양이다"라는 유명한 말을 남겼다. 큐피드의 화살은 멀리 날지 못하니 가까운 데에서 찾아보라는 이야기다.

이러한 까닭에 미래의 결혼상대자는 반경 70미터 안에 있다는 극단적인 주장을 하는 심리학자도 있다. 극단적인 주장이기는 하지만 사회심리학에 관한 연구나 관련 통계를 보면 전혀 허황된 소리도 아니다. 여기에서 거리의 기점은 집만이 아니라, 직장, 써클, 학원 등 다양한 장소가 될 수 있음은 물론이다. 일본의 통계를 보면 60% 이상의 남녀들이 근접성이 원인이 되어 결혼에 골인하고 있었다.

이런 내용의 글을 블로그에 올린 후 별의별 반응과 마주할 수 있었다. 다양한 반응과 마주할 수 있다는 점은 블로그의 장점이다. "우리 회사에는 여자가 전혀 없으니 어떻게 하면 좋겠느냐", "여자들이 있기는 있는데 배불뚝이 임신한 여성들뿐이다", "우리 사무실에는 미혼 남성이 전혀 없다", "전방 70미터 안에 사람이라

곧 한 명도 안 보인다(아마 농업 일을 하는 분인 듯)"라는 식의 딱한 반응들이었다. 가까운 데에서 찾으라는 것이 꼭 사무실에서만 찾으라는 뜻이 아니라는 것을 알면서 웃자고 하는 반응이겠다.

하지만 개중에는 일이 너무 바빠 직장 이외에 다른 곳에서 연애 상대를 찾을 수 없는 사람들도 꽤 있는 듯했다. 특히 IT 쪽에 근무하는 사람들은 야근이나 철야를 밥 먹는 듯 한다니 이성을 찾을 수 있는 기회가 원천봉쇄되어 있는 것 같았다. 이런 사람들을 위해 팁 하나를 소개해본다. 바로 패밀리아 스트레인저Familiar Stranger를 찾으라는 충고다.

패밀리아 스트레인저를 굳이 번역하자면 익숙한 이방인 정도가 되겠다. 익숙한 이방인이라는 것이 있을 수 있을까? 물론 있다. 우리가 얼굴은 알지만 신상정보는 전혀 알지 못하는 사람들이다. 가령 출퇴근 시간에 지하철을 탔을 때 자주 마주치는 사람들, 점심시간에 자주 가는 식당에서 마주치는 사람, 편의점에서 자주 보는 얼굴들……. 무심코 마주치지만 그것이 거듭되다 보니 저절로 얼굴이 익숙해진 사람들이다. 하지만 그 사람에 대해서는 아무것도 모른다. 아무것도 모르지만 마주치면 왠지 아는 사람인 듯한 느낌이 드는 이런 사람들을 익숙한 이방인이라고 부른다.

왜 우리에게 익숙한 이방인이 생기게 되냐 하면 우리의 행동

대부분이 습관적으로 이루어지는 경우가 많기 때문이다. 우리가 일일이 선택해서 하는 행동들은 의외로 적다는 이야기다. 별다른 일이 없다면 출근시간이나 점심시간은 일정하다. 통근하는 수단도 자주 가는 음식점도 대개는 정해져 있다. 퇴근이야 회사 사정에 따라 다르겠지만 그래도 거기에는 어떤 규칙성이 있기 마련이다. 내가 그런 만큼 다른 사람도 마찬가지다. 익숙한 이방인도 전혀 나와 다를 바가 없다는 이야기다. 그러다보니 자주 마주칠 수밖에 없는 것이다.

사실 우리는 하루의 거의 대부분을 습관적으로 행동하면서 지낸다. 우리 나름대로는 생각을 하면서 또 선택을 거듭하면서 하루하루를 지내고 있다고 생각하지만 하나하나 따져보면 전혀 그렇지 않다. 오늘 하루를 생각해보자. 아침에 일어나서 세수하고 양치질하고 식사를 한다. 옷을 갈아입고 출근길에 나선다. 지하철이나 버스를 타고 회사로 들어와 커피를 마신다. 여기까지의 행동 가운데에서 의도적으로 한 행동은 없다. 모두가 자동적으로 이루어진 행동뿐이다. 일이란 것도 그렇다. 자동적으로 이루어지는 부분이 많다. 그냥 하던대로 하는 것이 대부분이다. 머리를 쓰거나 생각을 짜내야 할 행동이 별로 없는 것이다. 이러다보니 아이디어를 짜내거나 창의성 있는 방법을 생각해내라고 요구 받으면 골치가 아프다. 별로 하지 않는 행동들이라서 익숙하지 않기 때문이다.

우리들 대개가 이런 식으로 행동하다 보니 익숙한 이방인이 생겨날 여지가 많다. 스스로 의식하지 못해서 그렇지, 생각보다 훨씬 더 많은 이방인이 있을 수 있다는 이야기다. 따라서 이성을 사귈 시간이나 기회가 전혀 없는 사람들은 우선 익숙한 이방인 쪽을 살펴보자. 엉뚱한 데에서 찾지 말고 아는 데를 찾는 것이 기본이다. 의외의 인연이 숨겨져 있을지도 모를 일이다. 당신과의 만남을 위해서 익숙한 이방인 역할을 하면서 당신이 다가오기를 기다리고 있는지도 모를 일이다. 인연 없다 없다 하지 말라. 도처에 인연은 깔려 있는 법이니.

연애를 잘하는 사람과 못하는 사람의 차이는 무엇일까? 여기에는 여러 가지 차이가 있을 수 있지만 가장 큰 차이라면 연애를 시작할 때의 자연스러움에 있지 않을까 한다. 연애를 잘하는 사람, 특히 잘 시작하는 사람은 아무렇지도 않게 이성에 다가가서 자연스레 이야기를 건넨다. 어색하고 서투른 구석이 전혀 없다. 약속을 따내는 데에도 별 무리가 없다. 설사 거절을 당해도 자연스럽다.

이에 비해 연애를 잘 못하는 사람은 모든 면에서 어색하다. 우선 이성에 쉽게 다가가질 못한다. 이것저것 너무 재기 때문이다. 설사 다가가더라도 제대로 이야기도 못한다. 거절을 당하면 뭐가 그리 창피한지 얼굴 빨개져서 도망가기 바쁘다.

 연애를 잘 못하는 사람들의 특징이라면 생각이 너무 많다는 것이다. 머릿속에서 온갖 상황을 다 그려본다. 소설 한 권 분량이 족히 될 정도로 이 생각 저 생각에 골몰한다. 하지만 정작 이성에 접근해서 이야기를 나누다보면 생각해두었던 상황은 하나도 안 나온다. 이러니 당황하지 않을래야 않을 수가 없다. 이런 분들에게 한 가지 팁을 준다면 생각보다는 우선 저지르는 편을 택하라는 것이다. 물론 무턱대고 저지를 것이 아니라 거절 당했을 때 어떻게 대처할 것인가 정도는 생각해둘 필요가 있다.

 심리학의 이론이라는 것이 까다롭긴 하지만 실제로 써먹을 수 있는 것들이 의외로 많다. 특히 심리학의 설득 관련 이론 가운데에는 실제 상황에서 적용해볼 수 있는 것들이 꽤 있다. 이러한 것들 가운데 하나가 도어 인 더 페이스 Door in the Face 기법이다. 도어 인 더 페이스란 말을 들어보신 분은 많으리라. 웬만한 심리학 책에서는 대개 거론되는 기법이고, TV를 통해서도 몇 번 방영된 적이 있으니 말이다.

이것은 처음에는 큰 부탁을 하고 그것이 거절 당하면 바로 작은 부탁을 하는 수법이다. 처음에는 일부러 상대방이 들어주기 힘든 부탁을 해 일단 거절하게 만든다. 그 후 첫 번째 부탁보다 들어주기 쉬운 부탁을 다시 하는 것이다. 부탁하는 측으로서는 거절을 당했으니 일단 양보를 한 셈이 된다. 부탁 받은 측도 상대방이 양보했다고 여겨 자신도 양보를 할 수밖에 없다고 생각하게 되는 심리를 이용하는 것이다. 이 방법을 도어 인 더 페이스 기법이라고 부르는 것은 문이 열리기는 했지만, 세일즈맨이라는 것을 알자마자 눈앞에서 갑자기 문이 닫혀버리는 상황을 묘사한 것이다. 즉 상대로부터 거절 당한 상황을 의미한다.

처음의 큰 요구는 상대방의 반응을 떠보기 위한 수단이다. 부탁 자체가 자신의 힘에 겨우니 대개는 거절을 하기 마련이다. 하지만 들어준다면 부탁하는 측으로서는 목적했던 것 이상을 달성할 수 있다. 부탁하는 측으로서는 들어주어도 좋고 안 들어주어도 좋았던 것이다. 대개는 거절을 하기 마련이고 그 후에 타협점을 다시 찾아간다.

한 예를 들어보자. 마음에 드는 여성이 있다고 치자. 기회를 보아 지나가는 투로 말을 건네보는 것이다. "골치 아픈 일이 있어 그러는데 30분만 시간 내줄 수 있어요?"라고. 상대방 여성은 "30

분이요? 지금 시간 없는데. 다음에요"라고 나올지도 모른다. 이때 포기하지 말고, "그러면 3분만 내 얘기를 들어주지 않을래요? 너무 힘들어서요"라고 말을 던지는 것이 필요하다. 만약 상대 여성이 당신에게 마음이 전혀 없다면 이 부탁에도 거절할지 모른다. 두 번 다 거절하면 당신에게 마음이 아예 없는 것이니 깨끗하게 포기하는 것이 좋다. 미련 따윈 아예 버려라.

일단 그러겠다는 대답을 얻으면 이 3분간을 최대로 이용하는 것이다. 그러다보면 3분이 10분이 될 수 있고 1시간도 될 수 있다. 이렇게 되기 위해서는 만반의 준비가 필요함은 물론이다.

이 방법에서 특히 중요한 것은 첫 번째 거절을 당했을 때 태연한 반응을 보여주어야 한다는 것이다. 그리고 틈을 주지 않고 바로 두 번째 부탁을 하는 것이 중요하다. 상대방이 생각할 틈을 주지 않을수록 이 방법은 효과적이다.

사람은 남이 부탁한 것을 들어주지 못하면 정도의 차이는 있을망정 누구나 죄책감을 느낀다. 부탁을 못 들어주어서 미안하다고 생각하는 것이다. 이렇게 미안한 마음에 사로잡혀 있을 때 다시 자기가 들어줄 수 있는 정도의 부탁을 들으면 응낙하기 쉬운 것이 사람의 마음이다.

이 방법은 연애에서는 특히 이용할 만하다. 사귄다는 목적을 이루는 데에 도움이 될 뿐 아니라 자신에 대한 상대방의 감정을 확인해볼 수 있다는 장점이 있기 때문이다. 한 번 이야기를 꺼내도 쉽사리 포기하지 못하는 게 사람 마음이다. 특히 남성들은 더더욱 그렇다. 어렵사리 이야기를 꺼냈다가 거절을 당하더라도 "나한테 마음이 있긴 있는데, 정말 바쁜가 보다", "다음 번이라고 했으니 그때를 기다려야지"라는 식으로 마음속에서 합리화가 일어난다. 사실 이것은 명백한 거절이었는데에도 불구하고 쓸데없는 미련을 갖게 된다.

하지만 도어 인 더 페이스 기법을 사용하면 허망한 미련에 사로잡힐 가능성은 두드러지게 낮아진다. 여간 무딘 사람이 아니라면 두 번 연속 거절을 당하면 "이건 아니구나"라는 생각이 저절로 들 수밖에 없다.

도어 인 더 페이스 기법을 이용하기 위해서는 자기만의 버전을 만들어둘 필요가 있다. 사람마다 처한 환경과 또 상대의 성격이 다르기 때문에 일반적인 방법보다는 아무래도 그 상황과 그 사람에 특수한 맞춤식의 버전이 좋을 것이다. 나만의 버전을 만들기가 너무 어렵다고? 물론 어렵다. 하지만 연애하기도 만만치 않은 세상이 되어버렸으니 그 정도 노력은 감수해야 하지 않겠는가.

# 나르시시스트를 위한 변명

 남녀를 불문하고 밀당을 하는 듯하면 구차하게 굴지 말고 곧바로 헤어질 각오를 해야 하는 상대들이 있다. 그 사람들이 보여주는 사인은 밀당이 아니다. 헤어지겠다는 분명한 사인이다. 따라서 밀당의 사인을 일단 봤다면 그것을 곧이곧대로 받아들이는 것이 필요하다.

 먼저 차버리는 것이 현명하지만 그럴 자신이 없다면 밀기의 사언제 만날래?

니가 와
니가 와

니가 와
니가 와

인을 그대로 받아들이면 된다. 가령 눈에 띠게 연락이 뜨막해지면 이쪽에서도 연락을 하지 않으면 된다. 그러면 두 사람의 관계도 자연스레 끊어질 것이다. 그러면 된 것이다.

아무리 잘해봐야 그런 사람들은 변하지 않는다. 이쪽이 매달리면 그것을 오히려 즐기는 사람들이다. 그런 하찮은 상대를 위하여 이쪽이 감정을 소모한다는 것 자체가 의미 없다. 이런 사람들을 파트너로 가진 사람들은 상대가 밀어내기의 사인을 보여준 것을 오히려 감사해야 한다. 더 이상 관계를 유지해가는 것 자체가 불행이기 때문이다.

밀당을 하는 듯 느껴지면 먼저 차버리는 것이 베스트인 전형적인 상대에는 나르시시즘 성격의 소유자들이 있다. 자기애 인격의 소유자라고 불리는 사람들이다. 나르시시즘Narcissism은 그리스 신화의 나르키소스로부터 유래된 용어다. 주지하는 바와 같이 나르키소스는 요정의 원한을 산 결과, 연못에 비친 자기 모습에 반해버리고 만다. 그리고 그것이 도저히 이루어질 수 없는 사랑이라는 데 절망하고 죽는 소년이다. 심리학에서는 다음과 같은 특징을 가진 사람을 자기애 인격이라고 부른다.

❶ 자기중심적이고 자기에게 몰두하는 경향
❷ 자기가 중요한 인간이라고 강하게 믿는 경향
❸ 무한한 능력, 권력, 부를 실현한다는 식의 비현실적인 목표를 묘사한 이야기를 곧이곧대로 믿어버리는 경향
❹ 항상 다른 사람의 관심과 칭찬을 구하는 경향
❺ 다른 사람을 이기적으로 이용하며 다른 사람에게 공감을 느끼지 못하는 경향

상대가 나르시시스트인지 아닌지 여부는 이런 설명만으로는 부족할 것이다. 나르시시스트라고 판단할 수 있는 구체적인 행동이 필요하다. 어떤 식의 행동을 보여주면 나르시시스트라고 판단되는지 좀더 구체적으로 살펴보자.

먼저 유의해야 할 것은 상대가 노출적인지 아닌지를 살펴보는 것이다. 여기서 노출적인 것이라는 의미는 아무 데서나 홀라당 벗는다는 것이 아니라, 기회만 된다면 자신의 신체를 노출시키려 든다는 것을 의미한다. 굳이 윗옷을 벗고 할 일도 아닌데 아무 때나 웃통을 벗어젖히는 남성, 겨울에도 집밖을 불문하고 실내에서는 반팔의 얇은 옷을 고집하는 여성들이 대표적이다.

물론 이것 하나만으로 성급하게 판단을 내려서는 안 된다. 요

즘 운동을 열심히 해서 몸에 자신이 생겼다든지, 다이어트에 성공하여 자신의 몸을 과시하고 싶은 사람들도 얼마든지 있을 수 있기 때문이다. 하지만 정도 이상으로 노출하려고 드는 사람들은 유심히 살펴볼 필요가 있다.

두 번째로는 스스로를 너무 과대평가하는지 여부를 판단해야 한다. 다시 말해 공주병, 왕자병 수준이 어느 정도인가를 체크해 보아야 한다. 물론 이것도 쉽지는 않다. 처음 만나고 나서 바로 자신의 본 모습을 보여주는 사람은 거의 없기 때문이다. 따라서 상대가 공주병, 왕자병까지는 아니더라도 스스로를 너무 높게 평가하는 사람이라는 것을 알게 되는 것은 한참 친밀해지고 난 후일 때가 많다. 알면서도 헤어질 수 없는 단계에서 알게 되는 경우가 적지 않다는 이야기다. 따라서 완전히 친밀한 단계로 접어들기 전에 간파하는 것이 필요하다. 가상 좋은 방법이라면 상대가 아무렇지 않게 흘리는 이야기를 가볍게 흘려듣지 않는 자세가 필요하다. 이쪽에서는 농담이라고 받아들인 것이 의외로 진담일 수가 있다. 농담 속에 답이 있다는 생각을 단단히 하는 것이 필요하다. 일단 첫 번째와 두 번째 체크에 대한 대답이 예스라면 조심 또 조심이다.

세 번째로 중요한 포인트는 자기중심적인가 여부를 따져봐야 한다. 이것도 처음 만났을 무렵에는 판단하기 어렵다. 누구나 연애 초반에는 상대에 맞춰주는 것이 보통이기 때문이다. 따라서 어느 정도 친밀해졌을 때가 중요하다. 이쪽에 대한 배려 없이 자기가 먹고 싶은 대로 음식점을 고르는지 여부는 중요한 체크 포인트다. 영화를 선택할 때도 마찬가지다. 자기위주로 선택을 하는지 여부를 꼼꼼하게 살펴볼 일이다.

네 번째 포인트는 받는 것에 익숙하고 주는 것에 인색한지를 살펴보는 것이다. 물건을 받는 것만을 의미하는 것은 아니다. 이쪽의 마음에 대해 어떻게 반응하는지도 중요하다. 이쪽의 배려를 당연시한다면 이것은 위험하다. 다른 사람의 배려는 당연시하면서도 자기가 해주는 행동에는 생색을 내는 경향이 보인다면 헤어질 준비를 서두를 일이다. 이쪽이 해주는 선물은 당연히 받아들이면서 자기가 해주는 선물에 유난히 의미부여를 한다면 강력한 적신호다.

마지막이 가장 중요하다. 나르시시스트 성격의 사람들은 다른 사람에 공감을 잘하질 못한다. 너무 자기중심적이다 보니 다른 사람의 즐거움과 아픔에 공감을 못한다. 이것이 가장 중요한 포인트이긴 하나 의외로 체크하기 쉽다. 영화를 함께 보거나 소설을 같이 읽어본 후 거기에 대해 서로 이야기를 나누다보면 의외로 쉽게 알아낼 수 있다. 슬픈 영화를 함께 본 후의 반응만 유심히 살펴봐도 제대로 알 수 있다.

  이 다섯 가지 가운데에서 네댓 가지가 맞는다면 더 교제를 한다는 것은 아예 생각하지도 말아야 한다. 두세 가지가 맞더라도 마지막 다섯 번째가 포함된다면 헤어지는 것이 낫다. 설사 헤어지지는 못하겠더라도 먼저 밀어내기의 사인을 보낸다면 과감하게 차버릴 일이다. 그래야 행복하다. 일시적으로는 괴롭겠지만, 인생은 의외로 길다. 만났던 시간보다는 남은 기간이 더 길고 또 중요한 법이다.

## 마음이 찍히는 엑스레이 없나요?

교제기간이 꽤 지나 친밀한 사이로 접어들었음에도 자신을 사랑하는지 늘 확인하고 싶어 하는 여성들이 꽤 있다. 이러한 확인을 가끔 하는 것이라면 별 문제가 없다. 하지만 너무 잦으면 화가 된다. 남성들은 과제지향적이다. 남녀교제에서도 과제를 달성했다고 생각하면, 다시 말해 서로 두 사람의 관계가 충분히 친밀한 수준으로 접어들었다고 생각하면 애정표현은 두드러지게 적어진다. 변화에 민감한 여성들은 남성들의 달라진 모습에 불안을 느낀다. 불안한 나머지 사랑을 확인하려는 말들이 입에 배게 된다. 그리고 이러한 확인들은 남성들에게 고문이 될 수밖에 없다.

물론 처음에는 여성이 "자기, 나 사랑해?"라고 직접 물어본다든지, 아니면 "사랑한다"는 대답을 유도하는 질문에 적극적으로 "물론이지. 세상에서 제일 좋아하지"라는 낯간지러운 대답을 하는 것을 서슴지 않는다. 그러나 이러한 질문이 거듭되면, "응", "물론"이라고 건성으로 대답이 이어질 수밖에 없다. 이런 여성들일수록 건성으로 던지는 대답에 더 큰 불안감을 느낀다. 왠지 거짓말을 하고 있는 것 아니냐는 의심이 들기 때문이다.

아무리 좋은 말이라도 반복해서 들으면 짜증이 난다. 분명히 사랑한다고 몇 번씩 대답했는데도 불구하고 똑같은 것을 만날 때마다 물어본다면 짜증이 나지 않는 남성은 없다. 남성들은 한 번 그렇다고 대답했으면 그런 것이다. 진심을 이야기한 것이다. 그런데도 똑같은 것을 물어보면 지겨움을 느끼는 것이 당연하다. 따라서 여성들은 이 정도에서 멈추어주어야 한다. 하지만 못 멈춘다. 똑같은 질문을 계속한다. 결국 남성들은 구속감과 지겨움을 동시에 느끼게 되면서 두 사람의 사랑에 적신호가 켜진다.

왜 상당수의 여성들이 이러한 위험을 감수하면서까지 남성에게 사랑을 확인하려 드는 것일까? 일본의 심리학자 오노大野는 이러한 여성들의 특징을 다음과 같은 5가지로 정리하고 있다.

❶ 상대로부터 칭찬이나 찬사를 받기만을 바란다. 자신이 상대에게 좋아한다든지 멋있다는 말을 하는 것이 아니라 상대가 자기를 좋아한다거나 멋있다고 말해주기만을 원하는 것이다. 사랑한다는 말만 아니라 상대 남성이 다른 것들도 베풀어주기만을 원한다.

❷ 항상 상대의 자기에 대한 평가에만 신경이 쓰인다. 틈만 있으면 "나 어떻게 생각해?", "나 좋아해?"라고 물어보면서 상대방이 자기에게 호의적인 감정을 갖고 있다는 것을 확인하려 든다. 이렇게 하지 않으면 불안해진다.

❸ 교제가 깊어져갈수록 자아를 상실해가는 것이 아닐까 하는 불안감에 사로잡힌다. 이런 여성들은 관계가 깊어질수록 자신이 상대에게 매몰되어가지 않을까 하는 불안에 사로잡혀 있다.

❹ 상대의 일거수일투족으로부터 눈을 떼지 못한다. 상대가 자기를 늘 칭찬해주거나 달콤한 말을 해주지 않으면 사랑에 자신이 없기 때문이다. 상대가 무덤덤한 반응을 보여주면 "저 사람, 내가 싫어진 것이 아닐까"라는 불안에 빠진다. 이러한 까닭에 연애관계가 서로 감시하는 관계로 변질돼, 상대도 부담을 느끼게 된다.

❺ 결국 관계가 오래 가지 못한다. 상대의 눈에 비친 자신의 모습에만 신경을 쓰느라 정작 상대를 배려할 여유가 없다. 이러다보면 관계는 깨진다.

이러한 현상이 벌어지는 가장 근본적인 이유는 자기정체성이 제대로 확립되어 있지 않기 때문이다. 자기정체성이란 나는 과연 누구인가, 나를 나답게 하는 것은 무엇인가에 관한 일관되고 연속적인 생각이라고 할 수 있다.

정체성을 제대로 확립하지 못한 사람은 연애에 반드시 필요한 친밀성을 익히는 데에 문제가 있다. 친밀성이란 자신의 정체성과 다른 사람의 정체성을 융합시키는 능력이다. 양보와 배려를 바탕으로 자기와 다른 사람을 존중하는 형태로 표시된다. 사랑을 늘 확인하려 드는 여성들은 여기에 문제가 있다. 양보와 배려에 대한 인식이 전혀 없다.

이 주제에 대해서 "정말 내가 그런 것 같다. 어떻게 하면 좋겠느냐"라는 내용의 메일을 수없이 받았다. 생각보다 늘 사랑을 확인하고 싶어 하는 여성들이 더 많은 듯했다. 이러한 메일을 받을 때마다 난감했던 것은 이런 여성들의 문제점이 연애에 국한된 것만이 아니기 때문이다. 자신들이 인식하지 못할 뿐 인간관계 전반에 문제가 있기 마련이다. 스스로만 모를 뿐이다. 더구나 아직 자기정체성이 확립되지 않은 10대뿐 아니라 자기정체성이 확립되어 있어야 할 20대 후반이나 30대 초반의 여성들 가운데에도 이런 문제를 갖고 있는 여성들이 많다.

만일 자신이 이런 타입에 속한다고 생각하는 여성은 우선 내가 이 사랑을 통하여 상대에게 나누어줄 수 있는 것이 과연 무엇일까를 먼저 자문해보아야 한다. 만약 나누어줄 수 있는 것이 없다고 생각되면 그 이유는 무엇 때문일까를 꼼꼼히 따져볼 필요가 있다. 또한 나는 과연 이 사람을 진정으로 사랑하고 있는 것일까, 나는 이 사랑을 통해 무엇을 얻으려고 하는가를 진지하게 생각해봐야 한다. 최종적으로 나는 과연 남의 눈에 비치는 사랑을 위해 이 사람을 사랑하고 있는 것은 아닐까 하는 의문을 던져볼 일이다.

# 얼마면 되겠니? 너의 사랑

어떠한 사랑이 가장 원형에 가까울까? 다시 말해 사람들은 어떤 사랑을 가장 이상적이라고 생각하고 있을까? 페어Fehr, B.와 러셀Russel, J.A.의 연구에 따르면 사람들은 모성애를 사랑의 원형에 가장 가깝다고 평가하고 있었다. 2위도 부모의 사랑인 것을 보면, 사람들은 일방적이고 헌신적인 사랑을 원형에 가깝다고 생각하는 듯하다. 의외라면 3위가 우정이라는 것이다. 남녀 간의 사랑보다 우정을 더 사랑의 본질에 가깝다고 생각하고 있었다.

　남녀 간의 사랑은 5위를 기록해 형제·자매간의 사랑보다도 낮았다. 또한 성적인 사랑은 16위, 첫사랑은 19위를 기록해, 남녀 간의 사랑은 사랑의 원형과는 좀 거리가 있다고 생각하는 사람들이 많은 듯했다.

　사람들이 연애를 사랑의 원형과 좀 다르다고 보고 있는 이유는 연애에는 주고받는다는 요소가 포함되어 있기 때문이다. 적어도 받는 것만큼은 주어야 하고 또 주는 것만큼은 받아야 한다는 이기적인 면이 남녀 간의 사랑에는 분명히 있다. 이러한 성격 때문에 남녀 간의 사랑을 이상적인 사랑과는 거리가 있다고 본다.

　페어와 러셀의 조사에서 연애보다 상위를 기록한 사랑들에는 주고받는다는 성격이 아예 없다. 설사 있더라도 적다. 가령 어머니의 사랑이 뭘 받겠다고 하는 것은 아니다. 물론 나중에 효도를 받는 형식으로 되돌아올 수는 있지만, 사랑을 베풀 때 그것을 의식하는 어머니는 한 명도 없다. 아버지의 사랑도 다를 바가 없다.

　이와 달리 연애에는 주는 것보다 조금이라도 더 받겠다는 요소가 분명히 포함되어 있다. 특히 요즘과 같이 자기가 조금이라도 이득을 보면 봤지, 절대 손해는 보지 않겠다는 이기적인 세태에서는 더더욱 그렇다. 이러다 보니 조건결혼이 판치고 연애자본력

운운 하는 사회가 돼버렸다. 그렇다면 내가 이득을 보는 사랑은 과연 좋기만 할까? 반대로 내가 손해를 보는 사랑은 불행하기만 할까?

내가 이득을 보는 사랑이란 상대의 가치가 더 높다고 생각하고 있다는 것을 의미한다. 역으로 내가 손해를 보는 사랑이란 상대의 가치가 내 자신에 비해 낮다고 생각한다는 것을 뜻한다. 스스로 가치가 있다고 생각하고 있는 쪽이 공평감을 못 느끼고 있다. 어느 한쪽이 불공평한 연애는 위험하다. 연애뿐 아니라 인간관계 전반에서도 어느 한쪽이 공평하지 않다고 느끼면 그 관계는 파국을 맞이하기 쉽다.

연애에서는 상대에게 쏟는 노력이나 정성, 성의 등이 반드시 필요하다. 이러한 것들 없이는 연애가 제대로 이루어지지 않기 때문이다. 이러한 것들을 보통 투입량이라고 부른다. 우리는 이러한 투입을 하면서 상대에 대해서 거기에 걸맞는 정도의 보상을 해주기를 바란다. 이때 상대가 보여주는 성의의 총합이 자신의 산출량이다. 양자의 관계에서 나의 투입량은 상대의 산출량이 되고, 나의 산출량은 상대의 투입량이 된다고 볼 수 있다.

보통 사람들은 나의 산출량을 투입량으로 나눈 것이 다른 사람들의 산출량을 그 사람의 투입량으로 나눈 것이 비슷할 때 공평감을 느낀다. 말이 어렵지만 내가 한 만큼 상대가 해주면 공평하다고 느낀다는 이야기다. 여기에 차이가 있을 때 어느 한쪽은 불공평감을 느낄 수밖에 없다. 그러다 보면 결국에는 그 관계에 금이 간다. 따라서 이럴 경우는 상대를 불공평하다고 느끼게 만든 쪽이 무슨 수를 써야 한다.

사회심리학의 연구를 보면 자신의 가치가 낮다고 생각하는 쪽이 더 많은 헌신을 함으로써 상대의 불공평감을 해소해주려는 경향이 있었다. 자신의 낮은 가치를 헌신으로 보완하고 또 메꾸려고 노력하는 것이다. 문제는 헌신이란 것이 이상적인 사랑을 위해서는 반드시 필요하지만 남녀 간의 사랑에서는 오히려 독이 된다는 점이다. 남녀 간의 사랑에서 어느 한쪽이 너무 헌신하면 그 사랑은 반드시 깨진다. 이상적인 사랑과 남녀 간의 사랑이 다른 점이 바로 여기에 있다.

자신의 가치가 낮다고 생각하는 쪽이 헌신을 하면 그것을 고맙게 받아들여야 하는 것이 당연하지만 연애에서는 그렇지가 않다. 자기가 손해를 보고 있다고 생각하는 쪽이 투입량을 줄여버린다. 다시 말해 상대에 대한 성의의 정도를 줄여버린다. 자기가 받을 만큼 못 받고 있다고 생각하기 때문이다. 그 결과 다른 이성들에게 눈을 주는 것은 물론이고 바람을 피우더라도 자신에게는 그렇게 할 충분한 이유가 있다고 정당화한다.

이렇게 되면 자기가 득을 보고 있다는 쪽에 문제가 생기지 않을 수가 없다. 상대가 다른 이성에 눈을 주지 않을까 하는 우려 때문에 늘 질투심에 사로잡혀 있다. 불안한 나날이 계속되는 것이다. 이런 상태가 계속되면 연애가 제대로 유지될 수는 없다. 결국 깨지고 만다.

이에 비해 양쪽이 공평감을 느끼는 사랑에서는 이러한 일이 거의 발생하지 않는다. 다른 이성에게 눈을 주거나 질투를 느끼는 정도가 두드러지게 낮다.

공평감을 느끼지 못하는 사랑은 위험하다. 이 때문에 조건을 따지는 사랑의 결과가 예상과는 달리 별로 좋지 않다. 겉으로는 그럴 듯해보여도 한 꺼풀 벗겨보면 문제투성이인 것이 바로 조건을 따지는 사랑이다.

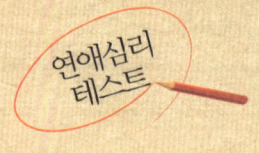

## 내 연애스타일은 ⬜ 다

각 항목을 보고 자신이 해당한다고 생각하는 점수를 빈칸에 적어주세요.

| ❶ 전혀 그렇지 않다 | ❷ 그렇지 않다 | ❸ 별로 그렇지 않다 |
| ❹ 약간 그렇다 | ❺ 그렇다 | ❻ 매우 그렇다 |

1. 무슨 일에 실패하면 바로 상황 탓으로 돌리고 싶어진다. ( )
2. 미룰 수 있을 때까지 최대한 일을 미루는 편이다. ( )
3. 다른 사람보다 몸 상태가 안 좋을 때가 많다. ( )
4. 시험을 앞두고서는 매우 불안해지곤 한다. ( )
5. 책을 읽을 때 소음이나 공상 때문에 집중하기 어려운 때가 많다. ( )
6. 졌을 때나 일이 제대로 진행되지 않을 때에라도 ( )
   상처 받지 않도록 경쟁에 최선을 다하지는 않는다.
7. '나는 조금 더 노력하면 더 잘될 수 있는데' 하고 ( )
   생각할 때가 있다.
8. 언제 손에 쥘지 모를 미래의 커다란 즐거움보다는 현재의 ( )
   자그마한 즐거움이 내게는 더 값지다.
9. 앞으로 내가 완벽하게 될 수 있는 날이 왔으면 좋겠다. ( )
10. 하루 이틀 정도의 가벼운 병이라면 때로는 병에 걸린 것을 ( )
    즐길 때도 있다.
11. '감정에 좌우되지 않으면 더 잘할 수 있을 텐데' 하고 ( )
    생각할 때가 있다.
12. 무슨 일이 제대로 안 될 때에는 다른 것은 잘할 수 있다고 ( )
    스스로를 격려한다.
13. 다른 사람의 기대에 부응하지 못했을 때에는 그렇게 된 이유를 ( )
    대는 편이다.

14 시험 운이 없는 편이라는 생각이 들 때가 많았다. (     )
15 과음이나 과식을 자주 하는 편이다. (     )

나는 _____ 점이에요.

채|점|방|법

'매우 그렇다' 6점부터 '전혀 그렇지 않다' 1점까지 선택한 번호가 바로 점수가 된다. 각 항목의 점수를 합한 것이 자신의 점수가 된다. 점수의 범위는 15점에서 90점 사이이며, 일본의 조사에서 평균 점은 54점 정도였다.

점|수|별|유|형|해|설

### 자기방어형(60점 이상)
혹시 헤어지기 위한 연애를 하고 있지는 않은지 가슴에 손을 얹어보시라. 과거에 실연경험이 있다면 그것에서 회복하고 있지 못한 상태다. 실연경험이 없으면서 이 점수대를 기록한 사람은 연애가 아닌 다른 사람들과의 관계에서도 자신이 어떻게 처신하고 있는가를 살펴볼 필요가 있다. 아마 무슨 일에서도 최선을 다하지 않고 있을지 모른다. 다른 일과 마찬가지로 연애에서도 최선을 다한다는 자세는 필요하다. 특히 실연경험 때문에 이런 점수를 기록한 분들은 지금의 상대는 과거의 사람과는 전혀 다른 사람이라는 것을 명심해 둘 필요가 있다.

### 체면중시형(59~54점)
지금의 연애에서 상대에 대해 자존심을 약간 낮출 필요가 있다. 연애에서 자존심 따위는 필요 없다. 친밀한 연인이란 서로 알 것 모를 것 다 아는 일종의 확장된 자기다. 자신에게 자존심을 부려본들 무슨 도움이 되겠는가? 의도적으로라도 자존심을 낮추고 상대를 대하는 자세가 필요하다.

### 무한헌신형(53점 이상)
너무 자기주장을 하지 않아 손해를 보고 있지 않은가? 연애에서는 너무 상대의 의견만 존중해주는 것도 해가 된다. 상대 또한 그것을 바라지 않는다. 연애에서는 자신의 의견을 분명히 하는 것이 상대를 위해서도, 자신을 위해서도 도움이 된다. 연애에서 내 의견을 분명히 하겠다는 마음가짐이 필요한 타입이다.

**심리학, 속마음을 읽다**

**지은이** | 이철우
**펴낸이** | 김경태
**펴낸곳** | 한국경제신문 한경BP

제1판 1쇄 인쇄 | 2013년 1월 15일
제1판 1쇄 발행 | 2013년 1월 22일

주소 | 서울특별시 중구 중림동 441
기획출판팀 | 3604-553~6
영업마케팅팀 | 3604-595, 555 FAX | 3604-599
홈페이지 | http://www.hankyungbp.com
전자우편 | bp@hankyungbp.com
등록 | 제 2-315(1967. 5. 15)

ISBN 978-89-475-2893-1  03180
값 13,000원

**파본이나** 잘못된 책은 구입처에서 바꿔 드립니다.